空の哲学

ヴィギャン・バイラヴ・タントラ　◉タントラ秘法の書——⑩

OSHO VIGYAN BHAIRAV TANTRA

市民出版社

Originally published under the title
“VIGYAN BHAIRAV TANTRA”
by OSHO

空の哲学◎目次

本書の原本は、インドの覚者ＯＳＨＯ（和尚・一九三一－一九九〇）によって語られた『ヴィギャン・バイラヴ・タントラ』である。これは一年以上にわたって断続的に展開された十シリーズ全八十回の講話集で、本書はそのうちの第十集八講話を収めている。

空の哲学

第一章

変容に対する根強い恐怖

［経文］

—100—

対象と主観の認識は、悟った者でも、悟っていない者でも同じだ。
しかし前者には偉大な点がひとつある。
それは、つねに主観的な姿勢の中にとどまり、
物事の中に失われないことだ。

—101—

全智、全能、遍在を、信じる。

一見すると、多くの人々が瞑想に関心を寄せている。でもその関心は、決して深いものではない。その関心によって変容を遂げる人はほとんどいない。関心が真に深ければ、関心それ自体がひとつの火となり、その人間を変容する。強烈な関心だけでも、あなたは変化し始める。存在の新しい中心《センター》が生じてくる。傍目《はため》には、たくさんの人間が関心を寄せているようだが、そうした人間の中には何も新しいものが生じてこない。新しい中心も誕生しなければ、新しい結晶化も達成されない。いつまでたっても同じままだ。

つまり、自分を欺いているということだ。その欺瞞は非常に微妙なものだが、どこかに必ずある。たえず薬をとり、治療を受けているが、病気はそのままだ。むしろ逆に病勢は進んでいる。つまり、その薬や治療は偽物だということだ。おそらく奥底では、変容を望んでいないのかもしれない。その恐怖、変容への恐怖は本物だ。だから、表面上では「自分は深い関心を抱いている」と考えながら、奥底では欺き続けている。

変容の恐怖とは、ちょうど死の恐怖のようなものだ。たしかにそれは死だ。旧《ふる》いものは去り、新しいものが出現する。あなたはもういなくなり、今までまったく知らなかったものが生まれ出る。だから死ぬ覚悟がないかぎり、瞑想への関心は偽物だ。死ぬ覚悟があって初めて、人は生まれ変わる。「新」と「旧」は続いていない。「旧」が断ち切られ、消え去って初めて、「新」は出現する。「新」は「旧」から成長するわけではない。「新」は「旧」と連続していない。「新」はどこまでも新しい。「新」は「旧」が死んで初めて現れる。「旧」と「新」との間には段差がある。その段差が恐怖を生む。それであなたは恐くなる。変容はしたいが、同時に旧いままでいたい。これこそが欺瞞だ。成長はしたいが、自分にとどまっていたい。そうすると成長は不可能だ。欺くしかない。いくら「何かが起こっている」と考え、夢見ていても、何も起こらない。根本的な点を取り逃がしている。

世界じゅうの大勢の人々が、瞑想や、モクシャや、ニルヴァーナに大きな関心を寄せている。でも何も起こらない。大騒ぎするわりに、何も真正なことは起こっていない。いったいこれはどういうことか。

ときに心《マインド》は、じつに狡猾だ。変容を望んでいないのに、心は表面的に関心のあるふりをする。そして自分に対して「私は関心を寄せている、できることはすべてやっている」と言う。ところがあなたは同じままだ。そして何も起こらないと、実践している技法が悪いだの、ついている導師が悪いだの、経典や根本原理や方法論が悪いなどと考える。そしていっこうに、「たとえ技法が悪くとも関心が本物だったら変容は可能だ」とは考えない。繰り返すが、たとえ方法が悪くとも、あなたは変容する。もし本当に変容に関心があるなら、悪い導師についていてもあなたは変わる。もし全身全霊で努めていたら、それを欺くことのできる者は誰もいない——自分自身を除いてだ。

自分自身の欺瞞を除けば、成長の障害となるものは何もない。

「導師や、方法や、根本原理が悪くても、真理へ到達することは可能だ」と私が言う意味は、「真の変容が可能となるのは、本人が懸命に専心しているときであって、何かの方法によるものではない」ということだ。方法というのは、たんなる方便であり、補助物であり、第二義的なものだ。根本的に必要なのは、自分の存在を賭すことだ。それが基本だ。ところが私たちは、何かをやり続ける。いや、やりさえしない。やることについて語り続ける。そして言葉は幻想を生み出す。それについてしきりに考え、しきりに読み、しきりに耳にしていれば、自分が何かしていると思ってしまう。いわゆる宗教的な人々は、欺瞞のための方便をいろいろ開発してきた。

こんな話がある。ある男が車に乗っていた。すると道沿いにある学校が火に包まれていた。そこは小さな村で、学校も小さなものだった。教師はムラ・ナスルディンだった。ムラは木の下に座っていた。そこで運転者は呼びかけた、「何をやっているんだ。学校が火事じゃないか」。ムラ・ナスルディンは言った、「知っているとも」。運転者はどなった、「じゃあどうして何もしないんだ」。ナスルディンは言った、「火が出てからというもの、ずっと雨乞いの祈りをしている。何もやっていないわけじゃない」

祈りは、瞑想を避けるためのトリックだ。いわゆる宗教的な人々は、いろいろな種類の祈りを開発してきた。

祈りもまた瞑想となりうる。その祈りがたんなる祈りではなく、心身を賭した、深い努力であるときには――。

祈りもまた瞑想となりうるが、普通の祈りはたんなる逃避だ。瞑想を避けるために、人々は祈り続ける。行為を避けるために、人々は祈る。祈りとは、神が何かをしてくれるということ、誰か他人が何かをしてくれるということだ。祈りとは、私たちが受け身だということだ――つまり何かをしてもらうわけだ。瞑想は、その意味で祈りとは違う。瞑想は自分でするものだ。自分が自分にするものだ。そしてもしあなたが変容したら、あなたに対する全宇宙のふるまい方も違ってくる。

宇宙とは、あなたに対する応答にほかならない――あなたが何であれだ。もしあなたが静寂であれば、全宇宙は何千何万もの仕方で、その静寂に応える。宇宙はあなたを反映する。その静寂は無限に増幅される。もしあなたが至福に満ちていたら、全宇宙はその至福を反映する。もしあなたが苦悩に満ちていたら、また同じことが起こる。その数学は同じだ。その法則は同じだ。宇宙はやはりその苦悩を増幅する。祈りではどうにもならない。瞑想だけが役に立つ。瞑想は真正に実行するものであり、自分でするものだ。

だからまず最初に言いたいのは、自分自身を欺かないよう絶えず気をつけることだ。人は往々にして、何かをしながら自分自身を欺いたりするものだ。

こんな話がある。あるときムラ・ナスルディンが郵便局に駆け込んできた。そして局長の襟首をつかみ、ゆすぶりながら言った、「たいへんなことになった。妻が消え失せた」。局長はかわいそうに思って言った、「奥さんが消え失せたって。それは気の毒だ。でもここは郵便局だ。届けるなら、警察に行ったほうがいい」。ムラ・ナスルディンは首を振って言った、「もう二度とひっかかるもんか。前回、妻が消え失せたとき警察に届けたら、連中は妻を見つけてきた。だからもうまっぴらだ。二度とひっかかるもんか。さあ、この届けを受けつけてくれ。さもないと別の所へ行く」

ムラの望みは、届けをして気を済ませることだった――「できることはみなやった」と。でも警察には届けたくなかった。恐れていた。

あなたの場合も同様だ。気休めのために何かをする。でも実際には変容するつもりがない。だから、することなすこと無用の行為となる。無用であるばかりでない。有害でさえある。時間やエネルギーや機会の浪費だ。シヴァのこうした技法は、するつもりのある人間のためにある。哲学的に考察したところで、何の意味もない。実際、するつもりのある人間には、何かが起こり始める。こうした技法は生きた技法だ。死んだ教条ではない。だから頭はいらない。必要なのは、自己の存在を賭してやるということだ。そうすればどんな技法でもいい。するつもりがあれば、どんな技法でもいい。するとあなたは新しい人間になる。

技法というのは方便だ。繰り返して言うが、もし自分にそのつもりがあれば、どんな技法でもいい。技法とは、飛躍するための杖にすぎない。飛び板のようなものだ。どんな飛び板からでも海には飛び込める。べつに飛び板は重要でない。それがどんな色をしていようと、どんな材質でできていようと、どうでもいい。ただの飛び板だ。そこから飛躍すればいい。こうした技法はすべて飛び板だ。何であれ心ひかれる技法があったら、それについていつまでも考えていてはいけない。

また、何かをやり始めれば、いろいろ困難が生じてくる。何もしなければ困難はない。考えるのは、まったくたやすい。なぜなら真に旅しているわけではないからだ。何かをやり始めれば、きっと困難が生じてくる。だから、困難が生じるというのは、順調に進んでいるということだ。何かが自分に起こっている。旧い障害は壊れ、旧い習癖は去り、変化が起こる。きっと動揺や混沌が現れるだろう。でも創造というものは、みな混沌から現れる。新たなあなたが創造されるのは、あなたのすべてが混沌となって初めてだ。だからこれらの技法は、まず最初にあなたを破壊する。そして初めて、新たな存在が創造される。

　だから困難を感じることがあったら、それを喜ぶことだ。それは成長を示している。成長というものは滑らかではない。精神的な成長は決して滑らかではない。それがその本性だ。精神的成長とは、上に向かう成長だ。精神的成長とは、未知の中へ進むことであり、未踏の中を進むことだ。様々な困難があるだろう。でも覚えておくように。困難を通過するごとに、あなたは結晶化し、しっかりしていく――真正なものとなっていく。そして初めてあなたの中に、何かが中心《センター》を据えていく……何かが固体化していく。

　現状のあなたは、まさに液体のようなものだ。瞬間ごとに変わっていく。安定したものが何もない。実際、あなたの場合、「私」という言葉は使えない。「私」がひとつだけではない。たくさんの「私」が川のように流れている。あなたはひとつの群衆であって、まだ「個」ではない。瞑想はあなたを「個」にする。

　この「個《インディビジュアル》」という言葉はすばらしい。それは分割不能《インディビジブル》という意味だ。現状において、あなたは分割されている。多くの断片がかろうじてくっつきあっているだけで、そこに中心はない。

家に主人がおらず、召使だけだ。そしてどの召使でも、しばらくの間は主人になれる。

瞬間ごとにあなたは違っている。なぜなら「あなた」がいないからだ。そしてあなたがいなければ、〈神〉は決してあなたに起こらない。いったい誰に起こるというのか。あなたがいないのに。

「私は神に会いたいんです」と言いにくる人々がいる。それで私は言う、「誰が会うんだい。あなたはいないじゃないか。神はいつでもいる。でもあなたがいない」

いったい誰が会うというか。神に会いたいというのは、たんに一時的な思いだ。次の瞬間にはもうそんな関心はない。次の瞬間にはもう、すべて忘れ去っている。必要なのは、がんばって懸命に努力し、求めることだ。それがあればどんな技法でもいい。

では技法に入ろう。

100 離れてとどまる

最初の技法。

対象と主観の認識は、悟った者でも、
悟っていない者でも同じだ。
しかし前者には偉大な点がひとつある。
それは、つねに主観的な姿勢の中にとどまり、
物事の中に失われないことだ。

これは非常にすばらしい技法だ。今あるままで始められる。何の前提もいらない。単純な技法だ。あなたのまわりには、人々や、物事や、様々な現象がある。どの瞬間にも、まわりに何かがある――物があって、出来事があって、人々がいて……。ところが、あなたは覚醒していない。だからあなたはいない。すべてはそこにあるが、あなたは眠りこけている。物はまわりをめぐり、人々もまわりをめぐり、出来事もまわりをめぐる。でもあなたがいない。あるいは眠っている。

それゆえ、周囲に起こることすべてが主人となって、あなたの上に力を及ぼす。あなたはそれによって引きずりまわされる。たんにそれによって注意をひかれるだけでなく、それによって引きずりまわされる。

あなたは何にでもつかまってしまう。そしてその後を追っていく。誰かが通りかかるとそれを見る。顔が美しい……そしてあなたは連れ去られる。服が美しい、色や素材が美しい……そしてあなたは連れ去られる。また車が通りかかると、あなたは連れ去られる。まわりで起こることすべてに、つかまってしまう。あなたは強くない。すべてがあなたより強い。すべてがあなたを変えてしまう。あなたの気分、あなたの存在、あなたの心、みな外の物しだいだ。あなたは対象によって影響される。

このスートラいわく、悟った人間も、悟っていない人間も、ともに同じ世界に生きている。ブッダもあなたも、ともに同じ世界に生き、歩んでいる。世界は同じままだ。その違いは世界にあるのではない。その違いはブッダに起こっている。その歩《あゆ》みが違うのだ。同じ対象の中を歩むが、その歩みが違う。彼は自分自身の主人だ。その主観性は超然としており、手つかずのままだ。それが秘密だ。物はその上に刻印を押すことがない。彼は外側の物に左右されない。離れたままでいる。自分自身にとどまっている。何にも圧倒されることがない。行きたいところがあれば、行きもするだろう。でも依然として、彼は自分の主人のままだ。影を追いたければ、追いもするだろう。でもそれは自分自身の意志による。

この区別を理解するように。私は「離れる」という言葉を使ったが、それは世を捨てるという意味ではない。そうしたら離れる意味がなくなってしまう。「離れた人間」もまた、あなたと同じようにこの世界に生きている。べつにその世界が違うわけではない。世を捨てた人間は、状況を変えているのであって、自分自身を変えているのではない。自分自身を変えられない人間は、執拗に状況を変えようとする。これは自分が弱いからこそだ。強い人間、覚醒のある人間は、自分自身を変えようとする――周囲の状況ではなく。

なぜなら、そもそも状況は変えられないからだ。またたとえ変えられたとしても、別の状況が出現する。状況は瞬間ごとに変わる。そして瞬間ごとに問題は存在する。

これこそが宗教的な姿勢と非宗教的な姿勢の違いだ。非宗教的な姿勢は、いつも状況を変えよう、周囲を変えようとする。その視点はあなたにではなく、状況にある。つまり、もし状況が良好ならあなたも良好になる。あなたは状況しだいだ。もし状況が良好でなければ、あなたも良好でない。だからあなたは独立した存在者ではない。共産主義者や、マルクス主義者や、社会主義者や、およそ状況の変化を目指す人々にとって、あなたは重要ではない。実際、あなたは存在しない。状況のみが存在し、あなたは状況を映すたんなる鏡だ。一方、宗教的な姿勢の場合、たとえあなたが今のところ鏡であっても、それはあなたの運命ではない。あなたはそれ以上のものになれる。もはや状況に従属しなくなる。

成長には三段階ある。第一段階では、状況が主人で、あなたはそれに引きずられる。「自分は存在する」というのはたんなる信じ込みで、実際のところあなたは存在していない。

第二段階では、あなたは存在する。もはや状況に引きずられることはない。状況に影響されることはない。あなたは一個の意志となり、安定し、結晶化している。

第三段階では、あなたは状況に影響を与え始める。あなたがそこにいるだけで状況が変化する。

第一の状態は悟っていない状態だ。第二の状態は、絶えず覚醒しているが、まだ悟っていない状態だ。まだ自分で覚醒しようと努めている――覚醒するために何かをする必要がある。まだ覚醒が自然なものとなっていない。だから闘う必要がある。一瞬でも意識や覚醒を失うと、物の影響下に入ってしまう。だからこの段階にいる者は、つねにつま先で立っている。それは探求者であり、サダークであり、何かを実践している人間だ。そして第三の段階が、シッダつまり悟った人間だ。べつに覚醒しようと努めていない。ただ覚醒している。そこに努力はない。その覚醒は、ちょうど呼吸のようなものだ。自分で努めることなく、ただ続いていく。その覚醒は呼吸のように自然で、サハジつまり自発的な現象となる。そのとき、この種の人間、この種の中心を据えた存在は、自動的に状況に影響を与える。そして周囲の状況が変わる。べつに彼がそれを望んでいるわけでなく、彼が強力なのだ。

この「力」ということを覚えておくように。あなたは無力だから何にでも圧倒される。力は覚醒を通じて現れる。覚醒が強ければ強力になり、覚醒が弱ければ無力になる。たとえば、眠っているときには夢でさえも強力になる。ぐっすり眠り込んで意識がみな失われると、夢でさえも強力になる。あなたはすっかり弱くなっているから、疑うことすらできない。不条理な夢でも、怪しむことなく、否応《いやおう》なしに信じてしまう。そして夢が続いている間は、真実に思える。後になれば「変な夢を見た」と言うかもしれない。でも夢を見ている間は疑うことができない。「これは本当ではない」とも言えないし、「これは夢だ」とも、「こんなことあるはずがない」とも言えない。そう言えないのは、すっかり眠り込んでいるからだ。意識がないから、夢でさえも力を持つ。目が醒めれば、きっと笑って言うだろう、「あれは馬鹿げていた。ありえないことだ。起こるわけがない。あの夢はまったくの迷妄だった」。でも夢を見ていたときには、影響されていた。すっかりそれに支配されていた。なぜそれほど強力だったのか。べつにその夢が強力だったわけではない。あなたが無力だったのだ。あなたが無力なときには、夢でさえも強力になる。

目醒めているとき、あなたは夢には影響されないが、まわりの現実、いわゆる「現実」に影響される。目醒めた人間、悟った人間は、あくまで覚醒しているので、その「現実」にも影響されることがない。たとえば、ひとりの女性が通りかかる。美しい女性が通りかかる。すると突然あなたは連れ去られる――欲求が生じる。所有への欲求だ。でも覚醒していれば、その女性が通りかかっても欲求は生じない。影響されることがない。さらわれることがない。初めてそれが起こるとき……つまり「物事が周囲で起こっても影響されない」ということが起こるとき、あなたは「存在すること」の精妙な喜びを感じる。初めて「自分は存在する」と真に感じる。もはや何かによって外にひきずり出されることはない。もし追いかけたいなら、また話は別だ。それは自分で決めることだ。

でも欺いてはいけない。あなたはいつ欺くかわからない。たとえばこんなふうに言ったりする、「べつにあの女性に欲求を感じるわけではない。でも私は彼女の後を追いたい。自分のものにしたい」――こんなふうに欺いてしまう。多くの人々が絶えず欺いている。その欺く相手は、ほかでもない自分自身だ。それは無益だ。よく見てみればわかる。そこには欲求がある。まず欲求が現れ、それからそれを正当化しようとする。

悟った人間にとっては、物事はそこにあり、彼はそこにいる――でもその間に橋がない。橋は壊れている。彼はひとりで進む。ひとりで生きる。自分自身に従う。何物にも所有されることがない。こうした感覚によって、この境地は「モクシャ」と呼ばれてきた。それは全面的な自由であり、ムクティだ。彼は全面的に自由だ。

世界じゅうで人間は自由を追い求めている。みなそれぞれのやり方で、自由を追い求めている。いろいろな方法で、自由になれる状態を探し求めている。そして束縛を感じさせるものがあると憤《いきどお》る。嫌悪する。自分を邪魔するもの、縛りつけるものがあったら戦い、闘争する。だからこそ、こんなに多くの政治的闘争、戦争、革命が存在するのだ。だからこそ、こんなに多くの家庭争議が存在するのだ。妻と夫、父親と息子が戦いを交える。戦いが基本となっている。その戦いは自由のためだ。夫は思う――「自分は閉じ込められている。妻に束縛されている。自分に自由はない」。妻も同じことを思って、互いに憤っている。そして戦う。互いに束縛を破壊しようとする。また、父親は息子と戦う。息子の自由は、成長するに従って拡大する。すると父親は自分が何かを失ったように感じる……力や権威を。家庭で、国家で、文明で、唯一人々が追い求めているもの、それが自由だ。

しかし、政治的闘争や、革命や、戦争を通じて達成されるものは何もない。たとえ自由を獲得したところで、それは表面的なものだ。奥深くでは依然、束縛されたままだ。だからどんな自由も結局、幻滅となる。人間は富を渇望する。しかし私の理解するところ、その渇望は富への渇望ではなく、自由への渇望だ。富は自由の感覚を与えてくれる。貧乏だったら縛られる。財力が限られているので、これもできないし、あれもできない……その金がない。金があればあるほど、自分は自由だという感じがする。好きなことが何でもできると思える。でも、実際にその金を手にし、自分の願望や夢のすべてを実現したら、突然、そんな自由も表面的だと思えてくる。内側であなたの存在はちゃんと承知している、「自分は無力で何にでも引きずられる。物や人によって影響され、乗っ取られる」と。

このスートラが語る意識状態とは、何物にも動じない状態、超然としていられる状態だ。ではどうしたらいいか。その機会は一日じゅうある。それがこの技法のいいところだ。いつでもできる。自分が何かに乗っ取られていると気づいたら、深く息を吸ってみる。それから深く息を吐く。それから、その物を再び見る。息を吐きながら、その物を再び見る。観照者として――見物人として。一瞬間でも観照する状態に到達できたら、突然、「自分はひとりだ」と感じることができる。もう何物にも動じない。少なくともその瞬間は、何物もあなたの中に欲求をもたらさない。

深く息を吸い、吐いてみる。いつでもいい、何かに動じそうなとき、何かに影響されそうなとき、何かによって外に引っぱり出されそうなとき、何かが自分より大切になりそうなとき……。息を吐くその短い隙間《ギャップ》の中で、その物を見てみる――美しい顔や、美しい体や、美しい建物などを。息を吐き、息を吐いている間に、その物を見る。もしそれが難しく感じられたら……もし息を吐くだけでは隙間が生み出せなかったら、もうひとつやってみる。息を吐き、そして少しの間、息を吸わないでいる。息をすべて吐き出したら、停止し、息を吸わない。そしてその物を見る。息を吐き出した後、あるいは吸った後で呼吸を止めれば、もはや何物にも影響されることがない。その瞬間、橋はなくなる。橋は壊れる。呼吸がその橋だ。試してごらん。

観照の感覚が得られるのは、ほんの一瞬の間だけだろう。でもそれによって、観照というものが垣間見られる。そうすれば、それを追い求めることができる。一日じゅう、もし何かに動かされ、欲求の生じることがあったら、息を吐き、終わったところで止《と》め、その物を見てみる。すると物はそこにあり、あなたもそこにいるが、橋はない。呼吸が橋だ。きっと突然、「自分は強力だ」と感じるだろう。「自分は強力だ」と感じれば感じるほど、あなたは強くなる。また物の影響力が低下すればするほど、よりいっそうの結晶化が感じられる。あなたは独立した「個」となっていく。そして初めて中心《センター》が出現する。その中心に移りさえすれば、世界は消え失せる。自己の中心に避難しさえすれば、世界は無力なものになる。

スートラいわく、

対象と主観の認識は、悟った者でも、
悟っていない者でも同じだ。
でも前者には偉大な点がひとつある。
それは、つねに主観的姿勢の中にとどまり、
物事の中に失われないことだ。

悟った者は主観性の中にとどまっている――自分自身の中にとどまっている。意識に中心を据えている。要はこの主観性の中にとどまる実践をすることだ。機会あるごとにやってみる。そうした機会は、いつでもある。一瞬一瞬にその機会はある。あれやこれやがあなたを捕まえ、外に引っぱり出す……欲求や限定を押しつける。

昔こんな話があった。大王バールツ・ルハリが世を捨てた。なぜ世を捨てたかといえば、もはや世を生き尽くし、そして「この世は無益だ」とさとったからだ。彼にとってそれは教条ではなく、体験的な真理だった――自分の生を通じての結論だった。彼は欲求の強い人間だった。彼はとことんまで生に耽溺した。そして突然、「生は無益で不毛だ」とさとった。それで世を捨て、森

へと入った。

彼は木の下で瞑想していた。陽が昇ろうとしていた。すると、傍らにあった道の上に、たいそう大きなダイヤモンドがころがっていた。陽が昇るにつれ、その輝きは増していった。バールッ・ルハリでさえ、今まで見たこともないような大きなダイヤだった。突然、無意識のうちに、それを手に入れたいという欲求が生じた。体は不動のままだったが、心は動いていた。体は蓮華坐の姿勢をとっていた――彼は瞑想をしていた。でもその瞑想はもはやなくなっていた。体だけはそこにあったが、心は離れ去り、ダイヤの方に向かっていた。

ところが彼の動き出す前に、ふたりの男が馬に乗って別々の方向からやってきた。そして両方同時に路上のダイヤに気づいた。ふたりは剣を抜いて、自分こそが最初にダイヤを見つけた人間だと主張しあった。戦う以外に道はなく、ふたりは戦った――互いに殺しあった。そしてほどなくふたりとも死んでしまった。死体がふたつ、ダイヤの横にころがった。バールッ・ルハリは笑った。そして目を閉ざし、再び瞑想の中に入った。

これはどういうことか。再び彼は無益さをさとったのだ。また、戦ったふたりについてはどうか。ダイヤが自分の生より大事なものとなったのだ。これこそ所有の意味するところだ。一個の石のために自分の生さえ投げ出す。欲求がそこにあるとき、あなたはもはやいなくなる。欲求はあなたを自殺にさえ導く。実際、欲求はいつもあなたを自殺に導く。欲求に支配されているとき、あなたは正気でない。狂っている。

バールツ・ルハリの心にも、その欲求は生じた。一瞬の間その欲求は生じた。そして彼も動き出しかねなかった。でもその前に、ふたりの人間が現れて戦い、ふたつの死体が横たわった。傍らにはその石がもとのままころがっていた。バールツ・ルハリは笑い、そして目を閉じ、再び瞑想の中に入った。一瞬の間、彼の主観性は消え失せた。その石、そのダイヤ、その対象物のほうが、強力になったのだ。そして再び主観性は回復された。ダイヤが消え去るとともに、全世界は消え去った。彼は目を閉じた。

古来から瞑想者たちは目を閉じてきた。なぜか。それは象徴的なことだ。世界は消え失せた、もはや見るべきものはない、見るに値するものはない……。


だからよく覚えておくことだ——欲求が生じるのは、すでに自分の主観性から外に出ているということだ。この動きこそが世界だ。

大事なのは、もとに戻り、再び中心を据えることだ。あなたにはそれができる。誰にでもその能力はある。そうした力がなくなることは決してない。それはつねに存在している。もし外に出ることができるなら、中に入ることもできる。たとえばもし私が、この家から外に出られるのなら、どうして家の中に戻れないことがあるだろう。同じ通路をたどり、同じ足を使えばいい。だから、私は外に出られるし、内にも入れる。瞬間瞬間に、あなたは外に出る。だから外に出たときは、思い出すのだ。そして直ちに退き、中心を据える。始めのうちは難しく感じられるかもしれない。そうしたら深く息をする。息を吐き出し、止《と》める。そして止めたときに、自分を引きつけた物を見る。

実際、何かがあなたを引きつけたわけではない。あなたのほうが引きつけられたのだ。淋しい森の路上にころがっていた例のダイヤも、べつに誰かを引きつけていたわけではない。ただ、そこにころがっていただけの話だ。ダイヤはべつに気づいていなかった——バールッ・ルハリが引きつけられたとか、誰々が瞑想から引っぱり出されたとか、主観性から引っぱり出されたとか、世界の中へ戻ったなど……。ダイヤは気づいていなかった。自分のためにふたりの人間が命を失ったなど……。

だから何かがあなたを引きつけるわけではない。あなたが引きつけられるのだ。要は覚醒することだ。そうすれば、橋は壊れ、内側のバランスは回復される。それをいつも実行する……もっと、もっと。実行すればするほどいい。やがてきっと実行する必要がなくなる。自分の内側からやってくる力強さによって、物の引力は失われる。引っぱられるのは、あなたの弱さだ。もっと強くなれば、何物にも引っぱられることはない。そして初めて、あなたは自分自身の存在の主人になる。

それは真の自由をもたらす。政治的自由や、経済的自由や、社会的自由は、たいして役に立たない。べつに、それが望ましくないというわけではない。それはそれで良い。でもそのような自由は、あなたの存在の最奥の核が望むものではない。最奥の核が望んでいるのは、物からの自由、対象からの自由であり、物や人に所有されることのない、自分自身からの自由だ。

101 自分が全能だと信じる

第二の技法は、ある意味で似ているが、違った角度からの試みだ。

全智、全能、遍在を、信じる。

これもまた内側の力に基づいている。その力は種子のように潜んでいる。

「自分は全智だ。すべてを知っている」と信じる。「自分は全能だ。あらゆる力がある」と信じる。「自分は遍在している。あまねく広がっている」と信じる。

どうしてそれが信じられるだろう。不可能だ。あなたは知っている、「自分は全智ではない。無知だ」と。あなたは知っている、「自分は全能ではない。まったく無力だ」と。あなたは知っている、「自分は遍在していない。小さな体に閉じ込められている」と。いったいどうしてそれが信じられるだろう。「それは違う」と承知しつつ信じても、そんな「信」は役に立たない。自分自身に反して信じることはできない。強いて信じようとしたところで、役には立たない。無益だ。「それは違う」と自分で承知している。「そのとおりだ」と知っていて初めて、信じることも役に立つ。

この点を理解するように。「信」が強力なものとなるのは、「その通りだ」と知っているときだ。真実かどうかは問題でない。「その通りだ」と知っていれば、「信」は真実となる。「そうではない」と知っていたら、真実ですら信とはならない。なぜか。

理解すべきことがたくさんある。

第一に、あなたの現状は、すべて信じ込みだ。あなたは「自分はこれこれだ」と信じ込んでいる——そのように育てられてきた。そのように条件づけられてきた。それで信じ込んでいる。そしてその「信」によって影響されている。それは悪循環だ。たとえば、世界の民族の中には、男のほうが女より弱い民族がある。なぜなら、女のほうが男より強いと信じられてきたからだ。その信が事実となった。そうした民族では、男が弱く、女が強い。だから、ほかの国々ではふつう男がするような仕事を、すべて女がする。また、ほかの国々では女がするような仕事を、男がする。そればかりでなく、その男たちの体は弱い。体格からして弱い。「そのようなものだ」と信じられている。信が現象を創り出す。信は創造的なものだ。

なぜそうなるのか。それは、心《マインド》のほうが物質より強いからだ。もし心が真に何かを信じたら、物質は従わざるをえない。物質は心に逆らったら何もできない。物質は死んだものだ。不可能なことさえ起こる。イエスは「信は山をも動かす」と言う。信にはそれができる。それができないというのは、その人間に信がないのであって、信に山が動かせないからではない。それができないのは、信がないからだ。

現在、この「信」の現象について盛んに研究がなされている。そして科学は、いろいろ驚くべき結論に到達しようとしている。宗教は昔から知っていた。科学は、今まさに同じ結論に到達しようとしている。到達してしかるべきだ。いろいろな現象が、初めて研究の俎上《そじょう》に乗せられている。たとえば、偽薬について聞いたことがあるだろう。この世には数えきれないほどの療法がある。逆症療法や、アーユルヴェーダや、ギリシア療法や、同種療法や、自然療法など、何百となくある。そしてそれぞれが効用を説き、実際に効用がある。その看板は偽りでない。不思議なことだ。それぞれに診断が異なり、治療法が異なる。病気はひとつなのに、診断は百もあり、治療法も百だ。そしてどの治療法も有効だ。そこで疑問が起こる——はたして治療が有効なのか、それとも患者の「信」が有効なのか……。いったいどういうことだろう。

そこで様々な国や、大学や、病院で、いろいろな方法で偽薬が研究されている。ただの水とか、薬効のないものが投与される。患者はそれが薬だと信じる。患者ばかりでない。医者もまた信じている。医者もそのことを知らない。医者が知っていたら、それが影響を及ぼす。医者の与える信は、薬よりも大きい。だから、高い金を払って名医を迎えれば治りも早い。それは信の問題だ。もし医者がただのアンナ錠（薬草から作った丸薬）を四錠くれたら、あなたはきっと、「何も起こるわけがない。こんな難病が、こんな重病人が、こんな重症が、アンナ錠四つで治るわけがない」と思うだろう。信が形成されない。医者に必要なのは、自分のまわりに、信の現象、信のオーラを創り出すことだ。それが役に立つ。だからもし医者が「これはただの水だ」と知っていたら、それを信をもって与えることができない。その顔や、手や、態度や、ふるまいから、それが水だとわかってしまう。患者の無意識がそれを察知する。だから医者は自分で信じている必要がある。信じていればいるほどいい。その信は感染する。患者は医者を見る。もし医者が自信に満ちて、「もう心配ありません。これは新しい療法です。新しい薬です。これは効きます。完璧です。疑問の余地なしです」と言うようだったら……もし医者の人間性が完璧な希望を与えるものであれば、すでに薬を与える前から、患者は回復し始める。すでに治癒は始まっている。現在こう言われている――何を与えようとも、患者の三割はほとんどすぐに治る。何を与えようともだ。逆症療法なり、自然療法なり、同種療法なり、どんな療法でも、どんな家庭療法でもだ。何を適用しても、患者の三割はすぐに治る。

その「三割」とは、「信じる人間」だ。みんなの中でも三割の人間は、すぐにでも変容する素質を持っている。いったん信を得れば、たちまちその信が働き始める。全人類の三分の一はたちまち変容できる。何の困難もなく、新しい存在の秩序へと入っていける。問題は、どうやって彼らの中に信を創り出すかだ。いったん信が形成されれば、もはや妨げるものは何もない。

あなたもまた、その好運な三割のひとりかもしれない。ところが人類には大きな不幸が起こっている。その三割の人間が蔑視されているのだ。社会が、教育が、文明が、こぞって彼らを蔑視する――愚かな人間だと決めつける。彼らには、もっと大きな潜在性がある。彼らには大きな力がある。でも蔑視されている。

その一方、無力な頭人間が持ち上げられている。頭人間は、言語や言葉や理性が使えるから持ち上げられる。ところが実際、彼らはまったく無力だ。内側にある真の世界では何もできない。ただ頭で生きるのみだ。でも彼らは大学を所有し、報道機関を所有している。ある意味で彼らは

「主人」だ。そして彼らは、蔑視することにかけてはお手のものだ。何でも蔑視する。

一方、潜在性を持つこの三割は……信じることによって変容できる人々は、それほど口達者ではない。だいたい、理屈や議論は得意でない。だからこそ信じることができるのだ。それで彼らは反論できない。そして「自分は変だ」と思ってしまう……何かがおかしいと思ってしまう。信じることのできる人間は、自分が何だかおかしいと思い始める。一方、疑うことのできる人間は、自分が何だか偉いように思う。でも疑いは力ではない。今まで誰ひとりとして、疑いを通じて最奥の存在に到達したり、究極のエクスタシーに到達したことはない。

この技法は、信じることのできる人間に有効だ。

全智、全能、遍在を、信じる。

あなたはすでにそれだ。そして信じることによって、あなたを隠していたものすべて、あなたを覆っていたものすべてが、たちまち落ちる。ただ、その三割の人間にも、きっとこれは難しいだろう。彼らもまた条件づけ（社会によって無意識に植えつけられた観念）によって、実際にはそうでないことを信じるように仕向けられている。疑うべく条件づけられている——懐疑的になるよう訓練されている。そして自分には限界があると思っている。だとしたら、どうして信じられるだろう。あるいは、もしあなたが信じたら、きっと人々から気違いだと思われるだろう。もしあなたが、「自分の内側は、遍在であり、全能であり、神的だ。自分はそう信じている」と言ったら、人々はきっとあなたを見て思うだろう、「こいつは気違いになった。そうじゃなかったら、どうしてそんなことが信じられるだろう」

でも、ともかく試してごらん。一番最初からやってみる。この現象の感覚を少し思い描いてみる。そうすれば信が生まれてくる。こうしてごらん――この技法を使いたかったら目を閉じ、「自分には体がない」と感じてみる。まるで、体が消え失せ、溶け去ったかのように。そうすれば遍在性が感じられる。体があると難しい。だからこそ多くの宗教的伝統が、「自分に体がないと感じなさい」と教えるのだ。体とともに限界が現れる。だから「自分は体ではない」と感じてみる。それは難しくない。なぜならあなたは体ではないからだ。「自分は体だ」というのは、たんなる条件づけだ。それはマインドに押しつけられた観念だ。あなたのマインドには、「自分は体だ」という観念が植え付けられている。

それを示すような現象がある。スリランカでは仏教僧が火の上を歩く。インドにもあるが、スリランカのものは非常に稀なものだ。僧たちは何時間も歩く。ところが火傷しない。

あるときこんなことがあった。つい数年前のことだ。ひとりのキリスト教宣教師がその火渡りを見にいった。それが行なわれるのは、ブッダが悟りを開いた晩だ。ブッダが悟りを開いた満月の晩に、それは行なわれる。その日こそ、「体は何物でもない」ということが、世界に示された日なのだという――「物質は何物でもない。ただ内なる存在が遍在しているだけだ。だから火に焼かれることはない」と――。そのために、火の上を歩く僧たちは丸一年、体を浄化する。プラーナヤーマつまり呼吸法と、断食と、瞑想によって、心を浄化し、心を空っぽにする。一年間ずっと準備をする。隔離された小房に住み、「自分は体ではない」と想い続ける。一年間ずっと、五十人、六十人の僧たちが、「自分は体ではない」と考え続ける。一年という長い間、いつもいつも、ただひたすら「自分は体ではない」と考え、「体は幻想だ」と叩き込む。するとついには彼らもそれを信じるに至る。とはいえ、強制的に火の上を歩かされるわけではない。火のところへ連れてこられ、「自分は火傷しない」と思う者が火の中に飛び込むのだ。何人かは疑い、ためらう。すると火の中に入るのは許されない。火傷するしないの問題ではなく、その疑いこそが問題だ。少しでもためらったら止められる。だから六十人いたとすれば、ときには二十人、ときには三十人が火の中に飛び込む。そして火の中で何時間も踊るが、まったく火傷することがない。

宣教師がひとりそれを見にいった。つい一九五〇年のことだ。彼はとても驚いた。そして考えた。もしブッダへの信仰でそんなことができるなら、どうしてイエスへの信仰でできないことがあるだろう。彼はしばし考え、少しためらったが、「もしブッダで大丈夫なら、イエスでも大丈夫だろう」と思い、飛び込んだ。そして火傷した。ひどく火傷した。それで六ヵ月間入院する羽目になった。でも、どうしてそういう羽目になったのか彼にはわからなかった。

それはブッダやイエスうんぬんの問題ではなかった。それは「誰々に対する信」の問題ではなく、「信」そのものの問題だった。肝心なのは、その信を心に叩き込むことだ。信が自己の存在の核心に達して初めて、その信は働き始める。

それで宣教師はイギリスへ帰って、催眠術とか、メスメリズムとか、それに類する現象を研究し始めた――「なぜあんなことが可能なのか」と。その後、ふたりの僧がオックスフォード大学に招かれた。そして実演が行なわれた。出かけていったふたりの僧は、火の上を歩いた。実験は何度も行なわれた。そのとき僧たちは、ある教授に目を止めた。その教授は僧たちのことを見ていた。その眼差しはたいそう深く、夢見ごこちだった。その目や顔は恍惚としていた。そこでふたりの僧は教授のもとへ行き、「さあ、一緒にいこう」と言った。教授は即座にふたりと一緒に走って、火の中に飛び込んだ。そして何も起こらなかった。火傷しなかった。

例のキリスト教宣教師もそこにいた。彼はその教授のことをよく知っていた。その教授は論理学の教授だった。つまり職業的に懐疑的な人間だ。その職業は疑いに基礎を置いている。

宣教師は教授に言った、「何ということだ。まさに奇跡だ。私にはできなかった……私は『信じる人間』なのに」

教授は言った、「あのとき私は『信じる人間』だった。あの現象はまさにリアルだった。すばらしくリアルだった。私はその虜になった。あのとき私には、はっきりわかった——体は何物でもなく心こそがすべてだと。そして私は、あのふたりの僧と、恍惚的なまでに同調できた。だから、彼らに呼ばれたときには、まったく何のためらいもなかった。そして、火の上を歩くのはまったく簡単だった。まるで火がないかのようだった」

そこには何のためらいも、何の疑いもなかった。それこそが鍵だ。

まずこんな実験をやるといい。数日の間、目を閉じ、そしてひたすら「自分は体ではない」と考える。考えるだけでなく、「自分は体ではない」と感じる。そうして目を閉じて座っていれば、距離が生まれる。体はどんどん遠ざかっていく。そしてあなたはどんどん内側に入っていく。そして大きな距離が生まれ、「自分は体ではない」と感じるようになる。「自分は体でない」と感じたら、次には、「自分は遍在しており、全能で、全智だ……何でも知り、何でもできる」と信じられるようになる。

この全能や全智は、いわゆる知識とは関係ない。それは感覚だ。「自分は知っている」という感覚の爆発だ。その点を理解するように。特に西洋においては……。西洋の場合、もし「私は知っている」と言おうものなら、「何だって、何を知っているんだ」と聞かれる。知識は客観的であるべきものだ――何かを知っているということだ。でも、何かを知ることが主眼であれば、全智は不可能となる。なぜなら、知るべき事実は無限に存在するからだ。その意味では、誰も全智にはなれない。

だから西洋にとってみれば、ジャイナ教の主張、つまりマハヴィーラのサルヴァギヤ、「全智」は笑うべきものだ。もしマハヴィーラが全智だったら、今、科学が発見しつつあるすべてを知っていたことになるし、それればかりでなく、この先、科学が発見することも、すでに知っていたことになる。でもそんなはずはない。そして明らかに、彼の言葉の中には科学に矛盾することがいろいろあるし、真実ではありえないことや、事実にそぐわないこともいろいろある。もし全智であるなら、その知識が間違っているはずはない。でも実際には間違いがある。

キリスト教はイエスの全智を信じている。でも現代的な知性はそれを笑う。なぜなら彼は「全智」ではないからだ。もし全智というものが、あらゆる事実を知ることであり、世界の事象すべてを知ることであったら、彼は全智でない。たとえばイエスは、地球が丸いことを知らなかった。地球のことを平らな地面だと思っていた。また、地球が何百万年、何千万年と存在してきたことを知らなかった――つい四千年前に神に創造されたと信じていた。事実に関するかぎり、客観的事実に関するかぎり、彼は全智ではない。

しかし、この全智という言葉はまったく別種のものだ。東洋の聖者が言う全智とは、「事実についてすべて知っている」ということではない。その意味は、すべてを意識している、すべてに気づいている、完璧に内側にいる、完璧に意識している、悟っている、ということだ。肝腎なのは、「何かを知る」ことではなく、「知る」という純粋な現象だ。知識ではなく、「知る」という質だ。

だから「ブッダは知っている」と言っても、べつにブッダが、アインシュタインの知っていることを知っているという意味ではない。ブッダはそれを知らない。彼は「知る者」だ。彼が知っているのは、自分自身の存在であり、また、その存在の遍在だ。「在る」というその感覚は、遍在している。その「知ること」において、もはや知るべきものは存在しない。それが重要な点だ。もはや知ろうという好奇心はない。いっさいの問いは落ちている。問いが落ちたのは、べつにあらゆる答えに到達したからではない。もはや尋ねるべき問いがないのだ。好奇心はすべて消え去った。もはや解くべき問題はない。内なる光に満たされたこの内なる静寂、この内なる沈黙、これこそが無限の「知ること」だ。それが全智の意味するものだ。それは主観的な覚醒だ。

これはあなたにもできる。ただし、心に知識を蓄積し続けたら、これは起こらない。たとえ何生も蓄積し続けたところで、それによって何かを知ることはあっても、すべてを知ることはない。「すべて」とは、無限だ。そのような仕方で知ることはできない。科学はいつまでたっても未完のままだ。決して完全になることはない。それは不可能だ。科学が完全なものになるなど考えられない。実際、科学にとっては、知れば知るほど未知は増える。

この全智とは、覚醒という内的な質だ。要は瞑想し、自分の思考を落とすことだ。思考がなくなれば、この全智が感じられるだろう。思考がなくなるとき、意識は純粋になる――浄化される。その浄化された意識の中には、どんな問題もない。あらゆる問いはもう落ちている。それは自分自身を知ること……自分の存在を知ることだ。自分の存在を知るとは、すべてを知っているということだ。なぜなら自分の存在は、あらゆる人間の存在の中心だからだ。そもそも自分の存在は、あらゆる人間の存在だ。自分の中心は宇宙の中心だ。この意味でウパニシャッドはこう宣言した、「アハム・ブラフマスミ――私は梵《ブラフマン》だ、私は絶対だ」と。自分の存在という小さな現象を知ることは、無限を知るということだ。たとえ一滴なりとも知ることができれば、大海の秘密は開かれる。

全智、全能、遍在を、信じる。

しかしこれは信を通じてやってくる。決して自分を相手に論議するわけではない。論議によって自分自身を納得させるわけではない。そうではなく、自分の内部を深く掘り下げ、そのような感覚を求め、そのような感覚の源泉を求めることだ。

この信という言葉は非常に重要だ。それは納得するということではない。納得とは合理的なものを意味する。納得とは、論議を重ね、その証拠があるということだ。でも信とは、それについて疑いがないということだ。証拠はない。納得とは、証拠を示したり、証明したり、論議したり、「これこれだ」と言ったり、推論することだ。一方、信とは疑いがないということだ。それについて論証はできない。合理化はできない。もし論議したらきっと負けるだろう。でも内側では揺るがない。ひたすら「これこれだ」と感じる。それは感覚だ。推論ではない。

こうした技法が役立つのは、感覚を使って働きかけるときだ。理性を使ってではない。だからしばしばこんなことが起こる。まったく無知で、無学で、無教養な人間が人間意識の高処《たかみ》に到達する一方、極めて教養高く、教育があり、理知的な人間が逃してしまう。

イエスはただの大工だった。フリードリッヒ・ニーチェはどこかで書いているが、新約聖書の中でただひとり語るに足る人間……教養があり、教育があり、哲学的知識があり、賢かった人間は、ピラトだった。ローマ総督で、イエスの磔刑を命じた人間だ。実際、彼はもっとも教養のある人間だった。大総督であり、大守だった。彼は哲学というものを知っていた。それで、イエスが刑場へ引かれていくそのときに、「真理とは何か」と尋ねた。それは極めて哲学的な問いだった。イエスは黙ったままだった。べつにこの難問が答えるに値しないということではない。ピラトは唯一、深い哲学が理解できる人間だった。でもイエスは黙ったままだった。なぜならイエスは、感じることのできる人間に対してしか語れなかったからだ。思考は何の役にも立たなかった。哲学はいつまでも哲学のままだ。ピラトは哲学的な質問をしていた。大学や研究所で問うような質問だ。イエスを相手に哲学的質問をするのは無意味だ。それで彼は黙ったままだった。答えるのは無益だった。だからコミュニケーションは不可能だった。

ニーチェは、自身が理知の人だったからイエスを批判している。いわく、「イエスは、無教育、無教養、無哲学の人間だったから答えられなかった。だから黙っていたのだ」。ピラトはすばらしい質問をした。もし相手がニーチェだったら、それについてきっと何年も語ったことだろう。「真理とは何か」——この質問ひとつで何年も語ったり論議できる。あらゆる哲学はみな、この「真理とは何か」に携わっている。この質問ひとつあれば、哲学者はみな大忙しだ。

だからニーチェの批判は、そもそも理性による批判だ。理性はいつも感覚というものを批判してきた。なぜなら感覚はまったくあいまいで不可解だからだ。それはそこにあって、それについては何も言えない——感じるか感じないかのどちらかだ。そこにあるかないかのどちらかだ。それについては何もできないし、論議もできない。

世間にはまた、いろいろな「信仰」がある。でもそうした「信仰」は、たんなる信じ込みだ。決して信ではない……疑いがそこにある。人はその疑いを論議によって押さえているが、依然それはそこにある。人はその上に座っているが、依然それはそこにある。人は絶えずそれらと戦っているが、抹殺はできない。それは不可能だ。その「信じ込み」は、ヒンドゥー教かもしれないし、イスラム教、キリスト教、あるいはジャイナ教かもしれない。それはたんなる信じ込みだ。そこに信はない。

こんな逸話がある。湖のほとりにいるとき、イエスは弟子たちに、舟に乗って対岸に行くように言った。そして自分は後から行くと言った。そこで弟子たちは出かけた。ところが湖の中ほどにさしかかったころ、大風が吹き、波が立って、弟子たちは恐くなった。舟は大揺れに揺れた。弟子たちは泣き叫んだ。そして師の名前を呼んだ。イエスはずっと遠くの岸の上にいた。助けを呼ぶ声を聞いてイエスはやってきた。伝えによると水の上を走ってきたそうだ。

そしてイエスが弟子たちに言った最初の言葉は、「信の薄い者たちよ。なぜ泣くのだ。信じていないのか」。弟子たちは恐れた。イエスは言った、「もし信じているなら、さあ舟から下りて、こっちに歩いておいで」。彼は水の上に立っていた。弟子たちは、目の前でイエスが水の上に立っているのを見たが、それにもかかわらず、なかなか信じられない。目にしているにもかかわらず、なかなか信じられない。イエスは水の上に立っていた。でも弟子たちはきっと心で思ったに違いない――「何か仕掛けがあるに違いない」、「幻かもしれない」、「これはイエスではなくて、悪魔かもしれない。きっと僕らを誘惑しようとしているんだ」……。そこで彼らは、「さて誰が歩くか」と互いに顔を見合わせた。やがて弟子がひとり、舟から下りて、歩いた。本当に歩いた。自分の目が信じられなかった。水の上を歩いているのだ。ところがイエスのそばにやってくると、その弟子は、「いったいどうしてこんなことが」と言った。そのとたん、奇跡はすっかり消え失せた。この「どうして」によって、弟子は水の中に沈んだ。イエスは弟子を引っ張り上げて言った、「信の薄い者よ。なぜわけを尋ねる」

理性は、「なぜ」とか「どうして」と尋ねる。理性とは尋ねるものだ――問うものだ。信とは、あらゆる問いが落ちることだ。もし問いのすべてを落とし、信じることができたら、この技法は奇跡をもたらす。

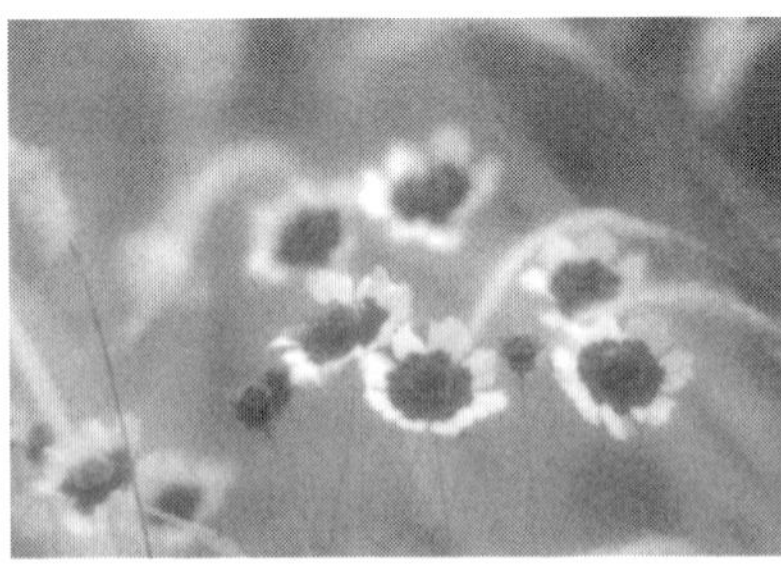

第二章

鋭敏さは覚醒

◎質問◎

◎

どうしたら、鋭敏でありながら超然としていられるのでしょうか。

◎

なぜあなたは、ご自分の体が治せないのですか。

◎

真摯な努力か、師へのゆだねか。

◎

イエスは、地球が丸いとは知らなかったのですか。

◎

◎……第一の質問

瞑想が深まるにつれて、人や物に対する鋭敏さが増していきます。でも鋭敏さが増すにつれ、対象に対する一種の深い親しみが感じられるようになります。その親しみから、通常、微妙な執着が生まれます。どうしたら、鋭敏でありながら超然としていられるのでしょうか。

どうしたら鋭敏でありながら超然としていられるか。このふたつは対立する物ではない。鋭敏になればなるほど超然となる。あるいは超然となれば、ますます鋭敏になる。鋭敏さは執着ではない。鋭敏さは覚醒だ。鋭敏になれるのは、覚醒した人間だけだ。覚醒していなければ、鋭敏にはなれない。無意識であるときは、まったく鋭敏ではない。意識が増せば増すほど鋭敏になる。ブッダはあくまでも鋭敏だ。最大限に鋭敏だ。ブッダは可能なかぎりに感じ、覚醒している。

鋭敏で覚醒していたら、執着することはない――超然としている。なぜなら覚醒という現象が橋を壊すからだ。自分と物との間の橋、自分と人々との間の橋、自分と世界との間の橋が、壊される。無意識、無覚醒こそが、執着の原因だ。

覚醒していれば、突然、橋は消え失せる。覚醒しているとき、自分と世界とを結ぶものはない。

世界はそこにあり、自分もそこにある――しかし、そのふたつの間の橋は消え失せている。その橋は無意識によって作られる。だから、「鋭敏になれば執着するようになる」というのは見当違いだ。鋭敏になればなるほど、執着はなくなる。執着は非常に粗大な資質だ。繊細なものではない。

執着に覚醒や気づきはいらない。動物でさえ執着するのは容易だ。むしろ動物のほうが執着しやすい。主人に対する犬の執着心は、人間の比ではない。犬はまったく無意識だ。それで執着が起こる。だからこそ、人間関係が希薄になった国々、西洋では、犬などの動物を相手にするようになるのだ。もはや人間関係は存在していない。人間社会が消えつつあり、人々はみな孤独や疎外を感じている。群衆は存在するが、自分との結びつきはない。自分は群衆の中で独りだ。その孤独が怖い。恐ろしい。

誰かにしがみついていれば、また誰かが自分にしがみついていれば、「自分はこの世界、この見知らぬ世界の中で独りではない。誰かが自分と一緒にいる」と感じられる。この所属の感覚が、一種の安心感を与える。人間関係が不可能になると、人は動物を相手として求める。東洋では、たとえ牛を信仰していようとも、牛と結びつきを求めることはない。ところが西洋の人々は、犬などの動物と深く結びついている。東洋の場合、口では「自分は牛を聖なる動物として信仰する」と言いながら、動物虐待は日常だ。

東洋の人々は、動物をひどく虐待しながら、「自分たちは非暴力的だ」と考えている。そこが西洋人には理解できない。世界中、特に西洋には、動物を虐待から守る団体がいくつもある。だから西洋では犬を打つわけにはいかない。もし打ったりしたら犯罪行為になり、刑罰を受ける。その裏にあるものは何か。人間関係が消失したのだ。ところがひとりでは生きていけない。結びつき、所属感、誰かと一緒だという感覚が必要だ。それで動物が良い友人となる。動物の執着心はたいへんに強い。人間の比ではない。

執着は覚醒を必要としない。むしろ、覚醒は障害となる。覚醒すればするほど、執着は少なくなる――執着の必要が消え去る。なぜ人は他人に執着したがるのか。ひとりでは満足を感じないからだ。何かが足りない。自分の中で何かが欠けている。自分は満ち足りていない。充足するためには誰かが必要だ。だから執着が生じる。もし覚醒していたら、あなたは満ち足りている。一個の全体だ。もう円環は完結している。何も欠けていない。だから誰も必要でない。自分ひとりで、完全な独立性が感じられる。まったくの充足が感じられる。

だからといって、あなたが人を愛さなくなるわけではない。むしろ、その逆に、そうして初めて、人を愛せるようになる。誰かに従属している人間は、その従属相手を愛することができない。憎むだけだ。誰かを必要としている人間は、その必要とする相手を愛することができない。憎むだけだ。なぜならその相手が束縛となるからだ。相手がいなければ生きられない。相手がいなければ幸福になれない。だから相手は、幸福と不幸の両方の源になる。相手なしではどうにもならない。それによって束縛の感覚が生まれる。相手によって自分は束縛されている。それで腹が立ち、それに対して戦う。そのようにして人々は憎み、愛する。その愛は決して深いものではない。

覚醒した人間は、ただ愛するのみだ。なぜなら相手を必要としないからだ。そうした愛は、まったく次元の異なるものだ。それは執着ではない。彼は従属的でない。彼は相手に従属していないし、相手を自分に従属させることもない。彼は自由なままだし、相手の自由も許す。それは、二個の自由な主体の出会いであり、二個の完全な存在者の出会いだ。その出会いは、お祝いであり、お祭りだ。従属ではない。その出会いは喜びであり、遊びだ。

だからこそインドでは、クリシュナの生涯のことをクリシュナ・リーラ、「クリシュナの遊び」と言うのだ。彼は数多くの人々を愛しているが、そこに執着はない。でもその相手方、つまりゴピやゴパル、「友達」や「女友達」のほうは、そうではない。彼らは執着している。だから、クリシュナがブリンダーヴァンからドワラカへ移るとき、彼らは泣いて悲しむ。たいそう嘆く。なぜクリシュナが自分たちを忘れてしまったのか考えあぐねる。べつにクリシュナは忘れていない。でも彼に苦痛はない。なぜなら彼は誰にも依存していなかったからだ。ドワラカに移っても、ブリンダーヴァンにいたときと同じくらい、彼は完全で幸福だ。ドワラカにおける彼の愛は、ブリンダーヴァンにいたときと同じくらい花開いている。愛の対象は変わったが、愛の源泉は同じままだ。彼の近くに来る人は、誰でも贈物を受け取る。この贈物は無条件的だ。何の返報も要求されない。何の謝礼もいらない。

覚醒した意識を通じて現れる愛は、無条件的で、純粋な贈物だ。それを与える者は、与えるからこそ幸福だ。与えるという行為が、至福であり、エクスタシーだ。

だから覚えておくように。瞑想によって鋭敏さが増してきたら、おのずと執着は減り、あなたはますます超然とする。自分自身に根づき、自分自身に中心が定まっていくから、他人を自分の中心として使わなくなる。

執着とは何か。執着とは、他者を自分の存在の中心として使うことだ。マジュヌはライラに執着している。彼は「ライラなしには生きられない」と言う。存在の中心が移動している。「これこれなしでは生きられない」とは、自分の魂が自分の中にないということだ。そんな人間は、独立した存在者ではない。中心がどこかに移動している。

この「中心の移動」、つまり中心が自分からほかのものへ移動することこそが執着だ。もし鋭敏だったら、あなたは相手を感じはしても、相手を生の中心にはしない。いつも自分に中心を定めている。中心が定まっていたら、相手はあなたから様々な贈物を受け取る。それは贈物であって、取引ではない。自分の手もとに溢れるほどたくさんあるから、相手に分かち与える。そして相手が受け取ってくれたら、ありがたく思う。それで充分だ。それ以上はない。

だからこそ私はいつも、心の欺瞞には気をつけなさいと言うのだ。あなたはこう考える、「自分は瞑想している、そしてそれによって鋭敏になった」。それから疑問が生じる、「なぜ自分は執着するのか」。もし執着するとしたら、事態は明らかだ――その鋭敏さは覚醒によるものではない。実際、それはまったく「鋭敏さ」などではなく、たぶん感傷だ。それはまったく違うものだ。たとえばあなたは感傷的になって、小さなことに泣いたり悲しんだり、感動したりする。心には容易に嵐が巻き起こる。でもそれは感傷癖だ。「鋭敏さ」ではない。

こんな話がある。ブッダがある村にいた。すると女がひとりやってきた。女は嘆き悲しんでいた。子供が突然死んだのだ。たったひとりの子供だった。ブッダはその村にいた。人々は女に言った、「泣かなくていい。あの人のところへ行くんだ。あの人は無限の慈悲を持っているそうだ。あの人が望めば、子供も生き返るだろう。だから泣かなくていい。あのブッダのところへ行きなさい」。そこで女は、死んだ子供を抱いてやってきた――嘆き悲しみながら……。村中の人々が後に続いた。村中が心を痛めていた。ブッダの弟子たちも心を痛めた。それで心に祈り始めた――ブッダがこの子に慈悲をたれ、祝福を与え、それで子供が生き返りますように……。

ブッダの弟子の中にも、もらい泣きする者が大勢いた。その様子は深く心を打つものだった。みな、じっと動かなかった。ブッダは黙したままだった。死んだ子供を見、それから嘆き悲しんでいる母親を見、そして言った、「泣かなくていい。私の言うとおりにすれば、子供は生き返る。村へ戻りなさい。死んだ子はここに残しておいていい。村へ戻って家ごとに尋ねなさい、『今までおたくで死んだ人がいますか』と。もし今までに誰も死んでいない家があったら、その家で食物を乞うのだ。パンでも、ご飯でも、何でもいい。とにかく、誰も死んでいない家で物を乞う。そのパンなりご飯なりによって、子供はすぐに生き返るだろう。さあ行きなさい。時間を無駄にしてはいけない」

女は喜んだ……「奇跡が起こる」と。それでブッダの足に触れ、村へ向かって駆けていった。村はそれほど大きなものではなかった。家は数えるほどしかなかった。女は家から家へ尋ねてまわった。でもどの家もこう言うのだった——それは無理なことだ、そんな家などありはしない。この村ばかりではない、この世のどこへ行ったって、誰も死んだことのない家などありはしない……どの家でも、必ず誰かが死に、家人はそれを嘆き悲しんでいる。

だんだん女にもわかってきた。ブッダは何か企んでいる。そんなことは無理だ。でも女はまだ望みを捨てなかった。そして村の家を一軒残らずまわった。その涙は乾き、その望みも消え果てた。ところが突然、新たな平安の訪れが感じられた。彼女は理解した——生まれた者は必ず死ぬ、長さが違うだけだ、早く死ぬ者もあれば、遅く死ぬ者もある。死は不可避だ。

女はブッダのもとに戻り、その足に触れて言った、「みんなの言うとおり、あなたの慈悲は、計り知れません」。いったいどういうことなのか、誰にもわからなかった。ブッダはこの女をサニヤスに入門させた。女は比丘尼《びくに》に、サニヤシンになった。入門した。

アーナンダはブッダに尋ねた、「どうして生き返らせなかったのですか。こんなにきれいな子供なのに。それに女はあれほど悲しんでいたのに」。ブッダは言った、「たとえ生き返ったところで、子供はいずれ死ぬ。死は不可避だ」。アーナンダは言った、「でもそれでは、人々に対して、人々の悩みや苦しみに対して、あまり鋭敏だとはいえません」。ブッダは言った、「私は鋭敏だ。あなたは感傷的だ。自分がもらい泣きしたからといって、それが鋭敏だというのか。それは子供じみている。あなたは生を理解していない。生という現象がわかっていない」

これがキリスト教と仏教の違いでもある。伝えによると、イエスは多くの奇跡を行なっている――人々を生き返らせている。ラザロが死んだとき、イエスは彼に触れて蘇生させている。我々東洋の人間には、ブッダが死人の頭に触れ蘇生させるなど、とても考えられない。普通の人々、普通の心から見れば、ブッダよりイエスのほうが愛と慈悲に満ちている。でも私に言わせれば、ブッダのほうがもっと鋭敏で、慈悲深い。たとえラザロが生き返ったところで、何も変わりはしない。いずれ彼は死ぬ――最後には必ず死ぬ。その奇跡には意味がない。究極的な価値はない。ブッダがそんなことをするなど、想像もできない。

イエスがそれを行なったのは、ある新しいもの、新しい教えを、イスラエルにもたらそうとしていたからだ。その教えは、人々には理解できないほどに深いものだった。だからそれを教えまわるために、奇跡を創り出す必要があった。奇跡なら人々にも理解できる。深い教え、秘教的教えは理解できない。奇跡なら理解できる。奇跡を通してなら、その教えも受け容れやすくなるだろう。イエスのしようとしていたことは、仏教的な教えを、仏教的でない地へもたらすことだった……東洋的な教えを、悟りという伝統のない国、ブッダたちの伝統のない国へ、もたらすことだった。

ブッダのほうが、もらい泣きしていた弟子たちより鋭敏だったと言える。弟子たちは感傷的だった。

感傷と鋭敏とを取り違えてはいけない。感傷は平凡なものであり、鋭敏さは非凡なものだ。鋭敏さは努力を通じて起こる。それは達成物だ。獲得するものだ。感傷は獲得物ではない。生まれつきだ。動物的な遺産だ。すでにそれは、体や細胞や心の中に存在している。鋭敏さは可能性だ。もとからあるものではない。自分で創り出すものであり、努力の結果として、起こるものだ。それが起これば、あなたはきっと超然とするようになる。

　ブッダはどこまでも超然としていた。死んだ子供がそこにいても、まったく影響されている様子がない。彼は、その女、その母親と遊んでいる。女のほうは苦悩していたが、ブッダは何かを企んで遊んでいる。一見すれば、それは酷なことだ。子供を亡くした母親を計略にかけて遊ぶなんて、あんまりだ。ブッダは謎を与えた。そして相手が空手で戻ってくるのをよく承知していた。でも繰り返して言うが、彼には真の慈悲があった。この女に成長と成熟をもたらそうとしていた。死というものが理解できて初めて、人は成熟したといえる。死を受け容れられるようになって初めて、自分の存在に中心ができる。死を現実として受け容れることは、死の超越だ。

　ブッダはその状況を利用した。ブッダの関心は、死んだ子供よりも生きている母親にあった。死んだ子供はいずれ生に戻ってくる。彼はそれを承知していた。だから奇跡の必要はない。もし子供が蘇生したら、きっと母親は機会を失うことになるだろう。そしてまた何生も待つことになるだろう――ブッダに出会うという機会を。


　東洋では、奇跡を行なうのは三流の行者だけだ。一流どころが奇跡を行なったためしはない。一流どころは、より高い水準で働きかける。ブッダもまた奇跡を行なったが、その奇跡は、きわめて高い水準のものだ。その母親は変容を遂げつつあった。

でもそれを理解するのは難しい。私たちの心は粗大だ。私たちに理解できるのは、感傷であって、鋭敏さではない。鋭敏さとは、周囲に起こるすべてを感じ取る覚醒を意味する。そして感じ取るためには、執着があってはいけない。そこが大事だ。執着していたら、感じるべき自分がいない。もはや自分の外に出ている。だから、ある人間のことを知りたければ……本当のことを知りたければ、その友人に尋ねてはいけない。友人には執着がある。また、その敵に尋ねてもいけない。敵にも執着がある。反対の執着が。だから尋ねるなら、中立の人間、友でも敵でもない人間に尋ねることだ。そうしてはじめて真実はわかる。

友は信用できないし、敵も信用できない。ところが私たちは、友か敵のどちらかを信じてしまう。どちらも正しくない。どちらにも中立的な観照がない。どちらにも超然とした見地がない。離れたところに立って見ることができない。どちらも当人に入れ込んでいる。友も入れ込んでいるし、敵も入れ込んでいる。ともに、ある一定の視点に立ってものを見ている。そしてともにその視点に執着している。執着があれば、生を全面的に感じることはできない。執着があるとは、一定の視点をとっているということだ。だから全面的ではない。断片を握りしめているだけだ。断片は、つねに虚偽だ。全体だけが真実だ。

要は瞑想すること、もっと鋭敏になることだ。そして、自分がどのくらい超然としているかを、基準とすることだ。もし執着が大きくなっていると感じたら、その瞑想はどこかで間違っている。それが基準だ。

私に言わせれば、執着は破壊できるものではないし、超然も実践できるものではない。実践できるのは瞑想だけだ。そうすれば、その成り行きとして、副産物として、超然が現れる。瞑想が内側で真に花咲けば、きっとあなたに超然とした感覚が現れる。そうしたらどこへ行っても、あなたは害されることがないし、恐れることもない。自分の肉体を去るときでも、あなたは無傷のままだ。意識はまったく純粋で、何の混じり気もない。執着しているときには、不純物が中に入る。これこそが根本的な不純性だ。つまり、自己の存在の中心が失われ、他人やほかの物が自己の中心となる。

◎…………第二の質問

もし信によって山が動かせるなら、なぜあなたはご自分の体が治せないのですか。

私に体はない。「自分には体がある」という感覚は、まったく間違っている。体は宇宙に属している。あなたに体はない。体はあなたのものではない。体が病気のとき、また健康なとき、その面倒をみるのは宇宙だ。そして瞑想の内にある人間は、いつも観照者としてとどまる。体が健康であれ、病気であれ。

健康であろうとする欲求は、無智から生じる。病気を避けようとする欲求もまた、無智から生じる。この質問も、べつに新しい質問ではない。最古の部類の質問だ。ブッダもそう尋ねられたし、マハヴィーラもまた尋ねられた。かつて悟った人間がいたところ、悟っていない人間はつねにこのように尋ねてきた。

たとえば、イエスは「信は山を動かす」と語った。ところが彼は十字架上で死んだ。彼は十字架を動かせなかった。きっとその場には、あなたなり、あなたのような人間がいて、待っていたに違いない。弟子たちはそこで待っていた。イエスのことを知っていたからだ。イエスは何度も「信は山を動かす」と言ってきた。そこで弟子たちは、何か奇跡が起こりはしないかと待っていた。ところがイエスは、そのまま十字架上で死んだ。ところが、これこそが奇跡だった。彼は自分自身の死を観照できた。自分自身の死を観照する瞬間こそが、生における最大の瞬間だ。

ブッダは食中毒で死んだ。六ヵ月間、絶えず苦しんだ。弟子の中の大勢がブッダの奇跡を待っていた。しかしブッダは静かに病み、静かに死んだ。死を受け容れた。治療を試みた弟子は何人もいた。いろいろな薬が投与された。

時の名医、ジーヴァカはブッダの侍医だった。ジーヴァカはブッダの行くところ、どこでも供をした。人々はきっと何度も尋ねたに違いない、「なぜジーヴァカは御供しているのですか」。それはジーヴァカ自身の執着だった。ジーヴァカがブッダの供をしたのは、自分自身の執着ゆえだった。弟子たちもまた、ブッダの体の世話をやいて、もっと地上にとどまってもらおう、一日でも長くとどまってもらおうとした。それも彼ら自身の執着だ。

ブッダにとっては、病気も健康も同じだった。だからといって、病気が苦痛をもたらさないというわけではない。苦痛はある。苦痛は物理的現象だから、起こることは起こる。しかしそれが内側の意識を掻き乱すことはない。内側の意識は乱れぬままだ。今までと同様に穏やかだ。体は苦しんでいるが、内側の存在は、いつも苦しみをそっくり観照している。

そこに同化はない。このことを私は奇跡と呼ぶ。それは信を通じて可能になる。同化より大きな山はない。それに比べれば、ヒマラヤなど何でもない。体への同化のほうが、もっと大きい。信によって、ヒマラヤは動くかもしれないし、動かないかもしれない——それはどうでもいい。しかし同化は破壊される。

ところが人間というものは、自分の知らないことは考えられない。自分の心《マインド》に従ってしか考えられない。自分の現在地からしか考えられない。それは昔も今も同じだ。

ときには私の体も病む。すると人々は私のところへやって来て言う、「なぜ病気なんですか。病気になってはだめです。悟った人は、病気になってはいけません」。誰がそんなことを言ったのか。悟った人で病気にかからなかった例など、聞いたこともない。病気は体のものだ。意識に関わるものではない――悟っていようがいまいが。

そしてしばしば、悟った人間は、悟っていない人間より病弱だ。それには理由がある。悟った人間は、もはや体に属していない――体とともに働いていない。深いところで、彼は体と切り離されている。体はまだ纏《まと》わりついているが、執着や橋はもう壊れている。

だからこそ、いろいろな病気が起こる。もう分離が生じている。彼は体の中にはいるが、体とともに働いてはいない。だからこそ、「悟った人間は、二度と生まれることがない」と言われるのだ。彼はもはや、二度と再び肉体に橋をかけることができない。橋が壊れている。体の中にいるときでさえ、本当のところ、彼は死んでいる。

ブッダは悟りを開いたとき四十近かった。死んだのは八十歳だから、悟ったあと四十年生きたことになる。その最後の日、アーナンダは涙を流して言った、「私たちはいったいどうなるでしょう。あなたなしでは、闇の中に落ち込んでしまいます。あなたは亡くなるのに、私たちはまだ悟っていません。光明はまだ灯っていません。それなのにあなたは死んでしまう。どうか置き去りにしないでください」

ブッダはこう言ったそうだ、「何を言っているのだ、アーナンダ。私はもう四十年も前に死んでいる。この存在は幽霊のような存在、影の存在だ。どうにか持ちこたえてはきたが、もはや推進力はなかった——たんに過去の惰性だった」

たとえば自転車をこぐ。しばらくこいで、その足をとめる。もう、こいではいない。もうあなたは自転車とともに働いていない。でも自転車は、しばらく動き続ける。それは惰性のせいだ。以前に与えたエネルギーのせいだ。

人が悟ると、その共働関係が壊れる。体は自身で働き始める。体には慣性力がある。過去何生にもわたって慣性力が与えられてきた。体には体の寿命があるから、体はその寿命に従う。ところが、もはや内的な推進力はない。だから体は、普通よりも病気になりやすくなる。ラーマクリシュナはガンで死んだ。ラマナ・マハリシ（ともにインド近世の覚者）もガンで死んだ。弟子たちにとって、それは大きな衝撃だった。無知のせいで、それが理解できなかった。

もうひとつ理解すべきことがある。悟った人間にとっては、その生が最後の生になる。だから過去のカルマすべてが、今生で完結される。もし苦しむべき苦悩があれば、その苦悩は強烈になる。普通の人間なら急ぐ必要もない。多くの生にわたって苦しめばいい。ところがラマナのような人間の場合、これが最後だ。過去からのものすべてが、ここで完結される。だから、すべてのものが、すべてのカルマが、強烈になる。今生は濃縮された生となる。

また、ときにはこんなことも起こる。理解するのは難しいが、一瞬の間に、何生分もの苦悩を受けることもある。一瞬に、何生分も集中するわけだ。時間というものは、凝縮もできれば、拡散もできる。

あなたも知っているだろうが、こんなことがある。眠りの中で夢を見る、ところが目醒めてみると、ほんの数秒しか眠っていない、ところが自分の見た夢はとても長い。全生涯のことさえ、一瞬の間に見られる。

いったいどういうことか。そんなに短い時間内に、なぜそんなに長い夢が見られるのか。私たちは普通、時間はひとつだけだと思っている。実際はそうではない。時間にはいくつもの層がある。夢には夢の時間がある。また目醒めているときでさえ、時間はいつも変化している。時計上では変化しないかもしれない。時計は機械的なものだ。しかし、心理的な時間はいつも変化している。

幸福なとき、時間は速く流れる。不幸なとき、時間の流れは遅くなる。苦しんでいるときには、一夜が永遠にもなる。また幸福と至福に満ちていれば、一生涯は一瞬間にもなる。

悟るとは、すべてが閉じられるということだ。もう閉店時間だ。何百万もの生が閉じられ、清算される。それ以後、もはや機会はない。だから悟った人間は、悟った後、まったく違った時間の中を生きる。そして、彼に起こるものは、すべて質的に異なってくる。ただし彼は、つねに観照者だ。

マハヴィーラの死因は胃痛だ。潰瘍のようなものだ。何年も苦しんでいた。弟子たちはきっと当惑したに違いない。というのも、それをめぐって多くの物語が創作されているからだ。弟子たちにとっては、なぜマハヴィーラが苦しまねばならないのか、見当もつかなかった。そこで彼らは物語を創り上げた。その物語が示すものは、マハヴィーラではなく、弟子たちのことだ。

弟子たちによれば、邪悪な魂を持つゴシャラクという人間こそが、マハヴィーラの苦しみの原因だ。ゴシャラクは、その邪悪なエネルギーをマハヴィーラに投げかけた。マハヴィーラは、ただ慈悲からそれを受け入れた。だからこそ彼は苦しんだのだ。この話の示すものは、マハヴィーラのことではなく、弟子たちの当惑だ。弟子たちにとっては、なぜマハヴィーラが苦しまねばならないのか、見当もつかなかった。だからほかの原因が必要だった。

ある日私は風邪をひいた。風邪はいつも私の相棒だ。そのとき、ある人間がやって来て言った、

「きっと誰かの風邪を引き受けているんでしょう」。この言葉が示すのは、私のことではなく、彼のことだ。私がなぜ苦しまねばならないのか、彼には合点がいかない。それで言う、「誰かの風邪を引き受けているんでしょう」。私は彼を納得させようとした。でも弟子を納得させるのは不可能だ。納得させようとすればするほど、自分のほうが正しいと思い込む。最後になって、彼はこう言う、「何と言われても私は聴きません。ちゃんとわかっています。誰かの病気を引き受けているんです」。さてどうしたものか。

体、その健康、その病気は、体自身の問題だ。それをどうにかしたいと思うようなら、あなたはまだ体に執着している。体には体の道がある。それについて、あまり思い悩む必要はない。私はただの観照者だ。体は生まれ、体は死ぬ。ただ観照だけがそこにある。それは永遠にそのままだ。観照だけが絶対的に永遠だ。ほかのすべては、絶えず変わっていく。ほかのすべては流れだ。

◎…………第三の質問

昨夜のお話の中で、探求者がいかに自分自身を欺き、瞑想に向かう真摯で誠実な努力を怠るかについて説明がありました。ところがあなたは、真摯に技法を求める多くの探求者に対し、ただこう言うのみです――「私にすべてを委ねなさい。私がその精神的成長の面倒を見よう」。でも多くの探求者は、そのようなやり方による自己の精神的変容に満足していません。この場合の探求者の自己欺瞞は、どのようなものでしょうか。

第一に、探求者が技法を求めれば、私はある技法を与える。その技法こそ、「私にすべてを委ねなさい」というものだ。これはこの世でもっとも強力な技法のひとつだ。ただし容易な技法ではない。じつに難しい。ときには不可能でさえある。すべてを誰かに委ねるのは難しい。でもそれができれば、その明け渡しの中で、エゴは消え失せる。その明け渡しの中で、あなたの過去は消え失せる。その明け渡しの中で、新しい要素が生まれる。つまりあなたは別人になる。今まであなたは自らのエゴとともに生きてきたが、これから先はエゴなしに生きていく――明け渡しの道を歩んでいく。

だからこれもまた技法だ。もっとも基本的な技法のひとつだ。また、私はそれを誰にでも与えるわけではない。非常にエゴの強い人間にだけ与える。そんな人間の場合、どんな技法もうまくいかない。エゴが技法を悪用する。その技法を通じて、さらにエゴが強化される。彼らはどんな技法でも実践できる――明け渡しを除いてだ。でもいくら実践したところで、エゴは破壊されない。むしろ、エゴは満足を感じる。つまり彼は「偉大な瞑想者」になる。たとえ世を捨てようと、たとえ何をしようと、そのエゴは強化される。

そういう微妙なエゴを持った人間には、どんな技法も毒となる。だからそういう探求者に対して、私はつねに、「すべてを私に委ねなさい」と言う。それは終点ではなく、入口だ。エゴの強い人間にとって、これはふさわしい入口だ。そしてもし委ねることができたら、その後に、別の技法を与える。しかし、あくまでも「その後に」だ。そうすれば技法も毒にはならない。エゴがなくなれば、技法によって変容は起こる。また、もしその明け渡しが全面的だったら、もはや変容すべきものは何も残っていない。そうしたらもう何の技法もいらない。これもまた可能だ。しかしあくまでも、これが可能なのは非常にエゴの強い人間だけだ。そんな人間だけが、全面的に明け渡すことができる。

これは一見ややこしい。逆説的だ。人はあくまでも、自分の持っているものしか失えない。もし強固なエゴを持っていなかったら、いったい何を失うのか。何を明け渡すのか。それはちょうど、乞食に「有り金をすべて明け渡せ」と言うようなものだ。彼はうなずくだろう……承諾するだろう。でもその承諾には何の意味もない。まったく無意味だ。なぜなら失うものが何もないからだ。

非常に強いエゴは、一点集中されたエゴ、結晶化したエゴだ。そしてあなたはそれを全面的に失う。なぜなら部分的に失うのは難しいからだ。集中され、結晶化していたら、断片的に失うのは難しい。失うか失わないかのどちらかだ。これは生の逆説と言える。明け渡すためには、正真正銘のエゴが必要だ――まずそのようなエゴの存在が必要だ。だから私にとっての教育とは、まず強いエゴを創り上げ、それを極限まで持っていくことだ。そうすれば大きな苦悩が生まれる。それから明け渡す。そうして初めて、明け渡しは可能となる。

これまでの私の経験によれば、西洋から来た人々には、東洋人よりも強いエゴがある。なぜなら西洋には、明け渡しという概念、従順という概念、師と弟子という概念がないからだ。実際、西洋的精神には、導師というものが想像できない。また、人間が他人に明け渡すなど想像もできない。西洋の教育や文化や文明は、すべてエゴに基礎を置いている――エゴの成就に基礎を置いている。また、西洋の心理学に言わせれば、健康になるためには、精神的に健康であるためには、強いエゴが必要だ。だから西洋の心理学は、こぞってエゴの強化を目指している。また、子供たちのエゴも、あらゆる手を使って強化される、そうしないと精神的に病気になってしまう……。

一方、東洋の宗教いわく、「エゴを去らないかぎり、究極の真理や、生の神秘を知ることはできない」。両者は一見矛盾している。でも実際はそうではない。私に言わせれば、まず最初に西洋的な訓練が必要だ。世界じゅうの人々すべてにだ。まず強力なエゴを持たせる。三十五歳までに、エゴの頂点に到達させる。そうして初めて、太陽が傾くに従って……。三十五歳のときには、太陽はちょうど頭の真上にある。どこまでもエゴを強固にさせる。可能なかぎり強固にさせる。そうして初めて明け渡しは起こる。だから西洋から来た探求者の場合、私に「すべて委ねなさい」と言われると、ひどくためらい、抵抗する。それはほとんど不可能に思える。でもそれが起こったときには、彼らはずっと深い認識に到達する。

東洋人の場合、事情はまったく異なっている。彼らはいつでも準備できている。「明け渡せ」と言えば、「はい」と言う。まったくためらうことがない。彼らには強くて発達したエゴがない。だから明け渡しができる。でもそんな明け渡しは無力だ、役に立たない。だから私は、東洋人に対しては、ほとんどの場合、すぐに何らかの技法を与えて行なわせる。それがエゴの役に立つ。

西洋人に対しては、直ちに明け渡すように言う。彼らはすでに、内側にその一点を持っている。

だから明け渡しできる。そのためらいこそが、明け渡しができることを示している。でもその明け渡しは葛藤となる。葛藤となるとき、それはサダーナ(修行)だ。葛藤となるとき、それによって本人は変容する。

だから第一点。「すべてを私に委ねなさい」と言うのは、ひとつの技法だ。そして私がそう言うのは、発達したエゴを持つ人間に対してだけだ。

第二点。でも多くの探求者は、そのようなやり方による自己の精神的変容に満足していません。

そのとおり。そのような人間にこそ、明け渡せと私は言うのだ。すると彼らはひどく不満だ。彼らが求めるのは、何かをすることであって、明け渡しではない。彼らが不満を感じるのはよくわかる。なぜならエゴが抵抗するからだ。エゴはあらゆる手を尽くして、明け渡すまいとする。でもそれではどうしようもない。まずこの不満を通過することだ。そして、すべてを委ねるのはあくまでも、ただの始まりでしかない。それができなければ、私はすぐには何の技法も与えない。私のもとを去るか、あるいはすべてを私に委ねるかだ。ほかに道はない。ひとたび私が「すべてを委ねなさい」と言ったら、もうほかに私は技法を与えない。もちろんそれは、難しく、骨折りだ。でもそうあってしかるべきだ。難しいほど、骨折りであるほどいい。なぜならそれは、彼がより進化したエゴを持っているということだからだ。そのエゴが葛藤している。そしていずれ必ず彼は、私なり誰なり——誰であろうと関係ない——のところへ行って、エゴを明け渡すことになる。

師はさほど重要でない。明け渡しこそが重要だ。どこに明け渡すかはどうでもいい。石仏に明け渡してもいい。それでも有効だ。明け渡しこそがあなたを変える。明け渡しによって、あなたのエゴは除去され、重荷は取り除かれる。生まれて初めてあなたは、過去から自由になり、現在の中へ入っていく……重荷はなくなり、新鮮で、若々しくなる。

そして第三点。この場合の探求者の自己欺瞞は、どのようなものでしょうか。

たしかに欺瞞はある。私のところへやってきて、「すべてをあなたに委ねます」と言いながら、相変わらずすべてを手許にとどめたりする。「自分は明け渡した」と装いながら、相変わらず自分の道に固執したりする。部分的な明け渡しというものはない。あくまで全面的なものだ。条件をつけたり、好き嫌いを押しつけるわけにはいかない。

つい数日前こんなことがあった。ある男がやってきて言うのだ、「私はあなたにすべてを委ねます。何を言われようと、それに従います」
私は言った、「もう一度、ゆっくりと、繰り返してごらん――『何を言われようと、それに従います』と」。彼は繰り返した。私は再び言った、「もう一度繰り返してごらん、そしてもっとゆっくりとやりなさい」

すると彼は少し苛立って、「なぜですか」と言った。そして、彼にもわかってきた――なぜ私が「もっとゆっくり」と言うのか……。それで彼は言った、「おっしゃるとおりかもしれません。考え違いをしていました。確かに、すべてを委ねるのは、非常に難しいことですし、何を言われてもそれに従うのは、難しいことです」

それで私は彼に、何でも好きな条件をつけるように言った、「後になったら変更できないから、ちゃんと言いなさい」。すると彼は言った、「それでは、私の好むことであれば従います。つまり選択の自由が欲しいということです」

こうやって欺くわけだ。内側では自分が主人だ――何を行ない、何を避けるか、いつも自分で選ぶ。そして現に見るとおり、あなたの選ぶものはみな不適当だ。なぜなら選ぶその心《マインド》が不適当だからだ。さもなければ、私のところへやって来る必要はなかった。「明け渡す」とは、「あなたは選択しない」ということであり、「私が選択し、あなたは従う」ということだ。そして全面的に従うことができたら、私が次のように言う日も遠くない、「もうその必要はない。もう自分で選んでいい」と。

必要なのは、あなたが消え去ることだ——表面的なエゴが消え去ることだ。そうすれば、自分自身の存在が出現する。私はべつに、未来永劫あなたを従わせるわけではない。それはあまり楽しい仕事ではない。いったんエゴがなくなったら、あなた自身の導師、内側の師が現れる。外側の導師は、内側の導師の代理でしかない。いったん内側の師が現れたら、外側の師はいらなくなる。内側の師は次のように言う、「もう自分自身に従っていい。ひとりで進むのだ。もはや案内人はいらない。内側の案内人が出現した。もう自分の内側に光がある。それを通じて見ればいい。その光は進むべき道を示してくれる」

しかし、あなたの現状ではそれは無理だ。あなたに光はない。だから見ることができない。マインドの導くところは、すべて誤りだ。そのマインドは、何生にもわたってあなたを導いてきたが、つねに特定の様式にあなたを導き入れるばかりだった。マインドには古い習癖がある。それに従ってあなたを導く。それは機械的なものだ。だからそれを打破するためには、明け渡しが必要だ。たとえ数日間であろうとも誰かに明け渡せば、きっと過去との間に断絶が起こる。そして新たな力が内側に入り込む。もはや過去は力を失う。今までのやり方は存在できなくなる。転回が起こる。この断絶こそが、明け渡しの意味するものだ。

しかし欺くこともできる。「私は明け渡します」と言いながら、明け渡さないこともある。あるいは、自分はもう明け渡していると考えながら、無意識下で闘っていることもある。明け渡しばかりではなく、「委ねること」が必要になると、私たちはいつも闘ってしまう。

西洋では現在、セックスという現象についての研究が盛んになされている。というのも、深いオーガズムがだんだん感じられなくなっているからだ。セックスはするが、そこから恍惚感《エクスタシー》が得られない——セックスが退屈なものになっている。セックスをすると、失望と脱力を感じるばかりだ。セックスは、ただの日課になってしまった。そしてどうしていいかわからない。オーガズムこそ、深いエクスタシーこそが、セックスの意味だ。それが起こらなければ、セックスは不毛で無意味なばかりか、有害でさえある。

いろいろな心理学の学派が研究を重ねている——「いったい人間に何が起こったか。なぜセックスでオーガズムに達しないのか。どうしてこれほどの不満足が生じるのか」。そして研究者はこぞって、明け渡しの不能がその原因だとしている。そのせいで人はオーガズムに達しない。愛を交わしているときでさえ、セックスに没入しているときでさえ、マインドはいつも監視している。つねにコントロールし、委ねの状態にない。委ねをひどく恐れている。深い恐れがある。もし委ねを許したら……もしセックス・エネルギーが管理を離れて自由に動くようになったら、いったいどこに連れていかれるかわからない。気違いになるかもしれない、死ぬかもしれない。それが恐怖だ。それでいつも監視する。

あなたはたえず自分の体を統制下に置く。マインドによるこの統制のせいで、全身はエネルギーの流れにならない。この統制のせいでセックスは局部的な出来事になり、全身はそれに巻き込まれない――全身は内なる踊りに入らない。それでエクスタシーを逃してしまう。エネルギーを失いながら、何も得るところがない。だから失望は当然だ。心理学者によれば、深い委ねがあって初めて……つまり、マインドがなくなり、エゴがなくなり、体が自分自身の力や弾みを取り戻し、体が自分自身の無意識的な源泉によって動き、あなたがいなくなって初めて、深いエクスタシーが達成される。そのエクスタシーは、究極的なエクスタシーの最初の一瞥ともなる。その究極的なエクスタシーが起こるのは、〈神〉の中、宇宙の中に、エゴを委ねたときだ。

サマーディ、つまりヨガやタントラの究極の到達点とは、宇宙そのものとの深いオーガズム、〈存在〉そのものとの深いオーガズムだ。

導師は、弟子の手を引いて、少なくともエゴを明け渡しできる地点まで連れていく。そのとき弟子と師の間に、深いエクスタシーが起こる。委ねのあるところ、どこにでもエクスタシーは起こる。それが法則だ。

だからもし、明け渡すことのできる導師にめぐりあったら、もはや誰にも耳を傾けてはいけない。たとえ世界じゅうが「この導師は良くない」と言ったとしても、耳を傾けてはいけない。もし明け渡せるなら、それは良い導師だ。その導師を通じてきっと、エクスタシーに満ちた瞬間に到達できるだろう。また、世界じゅうが「この導師は良い」と言ったとしても、もし明け渡せなければ、あなたにとって意味はない。明け渡しできると感じられるところにこそ、あなたのグル、あなたの導師は存在する。

あなたの探すべき導師は、その存在によって委ねが起こるような導師、その存在によってしばらくの間でもマインドが落とせるような導師だ。いったん外側からこの力が入ってきたら、あなたの道は変わる。あなたの生は、新しい展開を見せる。

欺くこともできる。「自分は明け渡した」と考えながら、内では「自分は明け渡していない」と承知している……。師を欺くことはできない。師は知っている。そして、真に委ねが起こるまで、師はそれを求め続ける。自分では巧妙にふるまったり、ゲームを演じているつもりでも、師を欺くことはできない。たとえ師の足に頭をつけたところで、その仕草には何の意味もない。ただ表面的に装っているだけで、じつはまったく礼拝していない。真に礼拝が起こったとき、師は働きかけができるようになる。

だから私が「明け渡せ」とか「すべてを私に委ねなさい、私が面倒を見る」と言うのは、比喩でも誇張でもない。まさに、文字どおりの意味で言っているのだ。私の望みは、あなたの内側に隙間《ギャップ》を創り出すこと、過去との断絶を創り出すことだ。いったん隙間ができたら、そのうちあなたは一人歩きできるようになるだろう。でもそれ以前に一人歩きしたら、過去の物語が続いていく。すると新しいものは何も起こらない。新しいもののためには、外から何かがあなたの中に入り、そして新しい道に向かってあなたを後押しすることが必要だ。

◎……………最後の質問

昨日のお話では、イエスは地球が丸いのを知らなかったということです。でもイエスを神と信ずる一キリスト信者として、これは非常に奇妙なことです。深遠な秘術的科学に通じているイエスのような覚者は、惑星や、宇宙や、天体間の関係といった、天文学的、占星術的知識にも通じているはずだと思うのですが、いかがでしょうか。

イエスにとって、それはどうでもいいことだ。イエスが「地球は平らだ」と言うのは、当時の一般通念に従っているだけだ。地球が丸いか平たいかはどうでもいい。それは無意味なことだ。彼の関心事は、この「平たい」あるいは「丸い」地球の上に住んでいる人々だ。

この点を理解するように。この種の論議は、イエスにとってまったく不毛なことだ。いったいどんな意味がある。たとえば、あなたが世界は丸いと知ったのは、地理の本を通じてだ。でも、もしその地理の本が、かつての時代と同じように「世界は平らだ」と教えていたら、そこに何の違いがあっただろう。はたしてあなたはもっと良い人間だっただろうか。平らな世界なり、丸い地球の上にいたほうが、もっと瞑想的だっただろうか。あなたの存在や、その意識の質に、いったい何の違いがあっただろう。何の関係もない。

イエスの関心は人々の意識にある。彼は無意味なことをいたずらに論議したりしない。無意味なことに引っ張りまわされるのは、悟っていない人間だけだ。もしイエスに対し「地球は丸い」と言ったとすれば、イエスは「そのとおり」と言っただろう。それはどうでもいいことだ。彼の関心事ではなかった。「世界は平らだ」というのは、当時の一般通念だった。そして実際、普通の人々にとって、世界はいまだに平らだ。世界は平らに見える。丸いというのは科学的事実だ。でもイエスは科学者ではない。

たとえば、太陽は決して昇りもしなければ、沈みもしない。私もそれは科学的事実として承知している。地球が回転し、太陽は動かない。にもかかわらず、「日の入り」とか「日の出」とかいう言葉を使う。日の出と言うのは、そもそもおかしい。その言葉自体が間違っている。日は決して出ない。日の入りもおかしい。日は決して入らない。それで二千年後、誰かがこんなふうに言うかもしれない、「この男は悟っていない。『日が昇る』とか、『日の出、日の入』とかいう言葉を使っている。そんなことさえ知らなかったのか」

しかし言葉をいちいち変えていたら、いたずらに摩擦を起こすだけで、誰のためにもならない。イエスはただ一般通念に従った。地球は平らだというのが当時の通念だった。彼にとってそれはどうでもよかった。もし彼が今日《こんにち》ここにいたら、きっと地球は丸いと言っただろう。しかし、それも完全に科学的だというわけではない。地球は完全には丸くはない。今日ではこう言われている。地球は完全な球形ではなく、卵のような形をしている、その形は卵に似ている。しかし、それもわからない。いつ「それは違う」と言われるかもしれない。科学は絶えず変わる。時代が下るにつれ、より正確になり、知識は増し、新しい事実が発見され、新しい実験が行なわれ、物事は変わっていく。でもイエスやブッダのような人間にとって、そのような事実はどうでもいい。

つまりこういうことだ。科学は事実に関わるが、宗教は真理に関わる。事実はどうでもいい。

真理こそが大事だ。事実は対象に関することであり、真理はあなたに関すること、あなたの意識に関することだ。だから今まで、悟った人間はみな、事実については一般通念を用いてきた。ただし、それによってイエスやブッダを判断してはいけない。そんな判断は誤りだ。判断するなら、真理について語った言葉によって判断することだ。人間意識に固有の真理についてなら、彼らはつねに、絶対的に正しい。

彼らの言語は違う。ブッダの言語、イエスの言語、クリシュナの言語は、それぞれに違っている。それぞれの事実に関する知識は違っているし、その技法や方便も違う。でもその教えの核心は同じだ。その核心とは、私に言わせれば、いかにして全面的な覚醒に到達するかだ。

覚醒とは、悟った人々すべての基本的な教えだ。みないろいろな比喩や、技法や、方便や、象徴や、神話を使うが、それはどうでもいい。切り捨てていいし、片付けていい。肝腎なのは、根本的な核心だ。目醒めた人間すべてに共通する根本的な核心は、覚醒だ。だから、イエスが弟子たちに言い続けてきたことは、どうやってもっと目醒めるかだ――どうやって、眠らず、夢の中で行動せず、気づき、目醒めるか――。

イエスはよく比喩を使った。その中にこんな話がある。あるとき、大長者の大旦那が、遠くへ旅に出た。その際、使用人たちにこう言いおいた、「よく気をつけていなさい。私はいつ帰ってくるかわからない。いつ帰ってきてもいいように、家を整え、私を迎えるようにしなさい。いつ帰って来るかわからないから、気をつけていなさい」。使用人たちは眠ることすらできなかった。主人がいつ帰って来るかわからなかったので、夜でさえも準備を怠れなかった。

イエスの言っていたことは、こういう意味だ――いついかなるときも、気をつけていなさい。いつ〈神〉があなたの中へ降りてくるかわからない。うかうかしていたら逃してしまう。〈神〉が扉を叩いても、眠り込んでいたら逃してしまう。だから気をつけていなさい。客はいつ来るかわからない。予告なしにやって来る。

イエスいわく、その使用人たちのようにいつも気をつけていなさい。覚醒し、よく見張って、待っていなさい。いつ〈神〉があなたを貫くかわからない。気をつけていなければ、〈神〉はやって来て、扉を叩き、そして帰ってしまう。次はいつになるかわからない〈神〉が再び扉をノックするのは、何生も後になるかもしれない。また、眠りが習慣的なものになっていれば、今までに何度、そのノックを逃してきたかわからないし、これからも何度逃すかわからない。

要は覚醒することだ。それが核心だ。そのほかは方便だ。だから、「地球は平らだ」と語るからといって、イエスが悟っていないことにはならないし、「地球は丸い」と知っているからといって、あなたが悟りを開くわけでもない。それほど簡単ではない！

第三章

対立物のリズム

[経文]

—102—

精神を、自分の内と外に同時に想像する
——宇宙全体が精神化するまで。

—103—

自分の全意識をもって、欲求の冒頭、「知ること」の冒頭において、知る。

—104—

シャクティよ、各々の知覚は限られており、全能の中に消失していく。

—105—

真理の中では、それぞれ姿形《すがたかたち》は分離していない。
遍在する存在とあなた自身の姿は分離していない。
各々のものは、この意識によってできている——それを認識する。

大詩人のウォルト・ホイットマンはこう言ったそうだ、「私は自己矛盾している。それは私が大きいからだ。私は自己矛盾している。それは私があらゆる対立物を包含しているからだ……私がすべてだからだ」。同じことは、シヴァやタントラについても言える。

タントラが追求するものは、対立物の間のリズム、対極の間のリズムだ。矛盾する立場、反対の立場同士が、タントラの中ではひとつになる。このことをよく理解して初めて、こうした数多くの、矛盾し、互いに異なる技法が理解できる。生とは、対立物の間のリズムだ。男と女、陽と陰、昼と夜、生と死。こうした対立物の間に、生の川は流れる。こうした対立物は岸だ。一見すると矛盾しているが、じつはともに手を携えている。外見に惑わされてはいけない。対立物の間にこのリズムがなかったら、生は存在できない。生はすべてを包含している。そしてタントラの場合、取捨選択がない。タントラはすべてを取り入れる。タントラには固有の立場がない。およそ可能なかぎりすべての立場が、その中に包含されている。タントラは大きい。自己矛盾もいとわず、すべてを包含する。タントラは部分的でなく、総体的《ホール》だ。だからこそ、タントラは神聖《ホーリー》なのだ。

部分的な立場は冒涜《ぼうとく》だ。決して神聖ではない。部分的立場は、対立物を包含しない。たとえ論理的、合理的ではあっても、決して生きたものではない。生は、どこでもその対立物を通じて存在する。それだけでは存在できない。対立物は必要不可欠だ。

ギリシア神話では、二神が対極をなしている。アポロンとディオニュソスだ。アポロンは、秩序、美徳、道徳、教養の神であり、ディオニュソスは、無秩序、混沌、自由、自然の神だ。両者は正反対だ。ほとんどすべての宗教は、程度の差こそあれ、アポロン的立場をとっている。つまり理性や、秩序や、美徳や、修養や、統制を重視する。実際それはエゴの重視と言える。

ところがタントラは基本的に異なる。両方を包含している。ディオニュソス的立場、つまり、自然、混沌、笑い、踊り、歌も包含している。たんに深刻なだけではなく、両方だ。深刻でもあり、深刻でなくもある。

ニーチェは手紙の中で書いている、「私が神を信じるとしたら、踊る神だけだ」。しかし、彼は踊る神を見つけられなかった。もしシヴァのことを知っていたら、きっとその生涯はすっかり変わっていただろう。シヴァは踊る神だ。ニーチェが知っていたのは、キリスト教の神だけだった。それはたんに、ひとつの立場だ——まったく深刻だ。キリスト教の神の深刻さは、ときに馬鹿げて見える。子供じみている。反対が完全に否定されているからだ。キリスト教の神が踊っているなど、想像もできない。不可能だ。踊るなんてあまりに地上的だ。また、キリスト教の神が笑っているとは、想像もできない。できるだろうか。不可能だ。キリスト教の神は笑えない。笑うなんてあまりに地上的だ。キリスト教の神は、まさに深刻さの権化だ。ニーチェには、そんな神など信じられなかった。

私は思うのだが、誰もそんな神は信じられない。そんな神は「半分」であって、「全体」ではない。そんな神が信じられるのは、ビリー・グラハム（現代アメリカのキリスト教指導者）くらいだ。どこかでビリー・グラハムは、大真面目にこんなことを言っている、「エロ本を読んでいるときにも、『神が自分を見ている』と思い出しなさい」と。これは馬鹿げている。エロ本を読んでいる人間を神が見ているなんて！　そんな考え方自体が、そもそも愚劣だ。そういう愚劣さが生じるのも、対立物を包含していないからだ。対立物が否定されれば、あなたは愚劣になる。そしてあなたは死物になる。

一方もしあなたが、対立物に向かって、矛盾なく簡単に移行できたら……深刻にもなれるし、笑うこともできたら……ブッダのように座りもし、クリシュナのように踊りもし、そのふたつの間に何の対立もなかったら……ブッダのような状態からクリシュナのような状態に、簡単に、滑らかに、移行できたら、そのときあなたは生きている。それができたら、あなたはタントラ的だ。タントラが基本的に追求するものは、対立物の間に存在するリズムであり、対立物の間を流れる川だ。

だからタントラは、およそ可能な技法をすべて用いる。タントラの対象は、特定の人間でなく、あらゆる人間だ。どんなタイプの人間でも、タントラは役に立つ。キリスト教や、ヒンドゥー教や、仏教だったら、そうはいかない。ブッダに引き付けられる人間、イエスに引き付けられる人間、モハメッドに引き付けられる人間は、それぞれタイプが違っている。シヴァはすべてを包含する。この世に存在するあらゆるタイプの人間を、シヴァは引き付ける。すべてのものが、すっかりその中に取り入れられている。その立場は、決して部分的ではない。

だからタントラには分派がない。「全体」のまわりに分派は作れない。分派が作れるのは「断片」の場合だけだ。「全体」ならば、生きることはできるが、分派は作れない。分派が作れるのは、取捨選択のあるときだけだ。対立物がともに包含されていたら、どうして分派根性が生まれるだろう。だからタントラは本質的な宗教であって、一分派ではない。だからこそ、これほど多くの技法があるのだ。

人々はいつも私のところへ来て言う、「こんなにたくさん技法があって、しかも互いに矛盾しています」。そのとおり。たしかに矛盾している。なぜなら特定の人間に向けたものではないからだ。この百十二の技法の中に、あらゆるタイプ、およそ存在しうるいっさいのタイプの人間が、包含されている。だから、全部の技法をやろうとか考えてはいけない。そんなことをしたら混乱するばかりだ。自分にふさわしい技法、自分を引き付ける技法を見つけることだ。大きな親しみや魅力を感じる技法、恋してしまうような技法こそが、その技法だ。そうしたら、残りの百十一の技法は忘れ、自分にふさわしい技法に専念すればいい。

この百十二の技法の中で、あなたにふさわしいのはひとつだけだ。技法をいくつも試みたら、きっと混乱してしまう。技法をいくつも実践するには、矛盾を吸収できるような大きな心《マインド》が必要だ。今現在それは無理だ。いずれは、そうなれるかもしれない。もしあなたが、あくまでも完全になり、トータルになれば、きっと容易にできるようになるだろう。何の問題もない。でも、そうなれば技法の必要もなくなる。肝心なのは今現在だ。まず、自分の技法を見つけることだ。

自分にふさわしい技法を見つけるには、私も助けになる。また、自分の技法に相反《あいはん》するような技法に出会ったら、それについては考えなくていい。たしかに相反する技法はある。それは他人のためのものだ。少なくとも今のあなた向きではない。いずれはできるようになるかもしれない。内側にエゴがなくなれば、問題なく対立物に移ることができる。そもそも問題を創り出すのはエゴだ。エゴがどこかにひっかかっている――何かにしがみついている。液体のように流れることができない。シヴァは全方向に流れている。

だから、いろいろな技法について考えてはいけない――「この技法は、あの技法と矛盾している」とか……。シヴァがここでやっているのは、体系を創り出すことではない。シヴァは体系構築家ではない。シヴァはただ、何の体系化もなく、あらゆる技法を与えているだけだ。そうした技法は体系化できない。体系とはそもそも、矛盾や反対を否定することだ。ところが、ここには反対が包含されている。アポロンとディオニュソスの両方だ。深刻さと笑いの両方だ。内在と超越の両方だ。地上的と非地上的の両方だ。なぜならそれはすべてだからだ。

では技法に入ろう。

102 内と外に精神を感じる

第一の技法。

精神《スピリット》を、自分の内と外に同時に想像する
——宇宙全体が精神化するまで。

まず想像力について理解する必要がある。今日、想像力はまったく貶《おとし》められている。「想像」という言葉を耳にするやいなや、「そんなものは役に立たない、もっと現実的なものが必要だ。想像的なものではだめだ」とあなたは言う。

しかし、想像は現実だ。想像はあなたの中の能力、潜在力だ。想像できるということは、あなたの存在に想像力があるということだ。その能力はひとつの現実だ。この想像力によって、あなたは自分を破壊することもできれば、創造することもできる。それはあなた次第だ。想像力は非常に強力だ。それは潜在的な力だ。

想像力とは何か。それは、ある姿勢の中に深く入り込むことだ――その姿勢が現実のものになるくらいに……。たとえば、チベットにはこんな技法がある。熱ヨガと呼ばれるものだ。雪の降る寒い夜、チベットのラマ僧は裸で外に立つ。気温は氷点下だ。普通なら死んでしまう。凍りついてしまう。でもラマ僧は、ある技法を行なっている。その技法とは、「自分の体が火と燃えている」と想像するものだ。そして、「その熱のせいで、汗をかく」と想像する。そして実際に発汗が始まる。気温は氷点下だ。血液も凍りつく温度だ。ところが僧は汗をかき始める。いったいどういうことか。この発汗は現実に起こっている。僧の体は熱い。この現実は、想像力によって生み出されたものだ。

簡単な実験をしてごらん。そうすれば、想像力によっていかに現実が生まれてくるか、わかるだろう。それがわからないかぎり、この技法は使えない。まず、脈拍を数えてみる。締め切った部屋で脈拍を数える。それから五分間、「自分は走っている」と想像する。すると体は熱くなり、呼吸は大きくなり、発汗が始まり、脈拍数は増える。五分間想像したら、再び数えてみる。そうすれば違いがわかるだろう。脈拍数は上がっているはずだ。でもそれはただの想像で、実際には走っていない。

昔チベットでは、仏教僧の体操は想像によって行なわれるだけだった。その技法は、現代人にも大いに役立つだろう。なぜなら現在、道路で走るのも、長い距離を散歩するのも、人気のない通りを探すのも難しいからだ。こうしてみるといい。自分の部屋で、床の上に横になり、一時間のあいだ、足早に歩く姿を想像してみる。想像の中で、ひたすら歩き続ける。最近では医学の専門家でさえ、これについて実際の歩行と同じ効果を認めている。いったん自分の想像力に同調したら、体は機能を開始する。

実際、人間は想像力の働きを知らないにもかかわらず、想像力を使って様々なことをしている。たとえば、想像力を通じていろいろな病気を生み出している。たとえば、こんなふうに想像する。「今、この病気がはやっている、流行性だ、そこらじゅう病人だらけだ」。すると病気にかかりやすくなる。いつ病気になってもおかしくない。そして実際に病気にかかってしまう。その病気は、想像力によって生み出されたものだ。想像力は力だ、エネルギーだ。マインドはそれによって動く。マインドが動くとき、体はそれに従う。

昔、アメリカのある大学寮でこんなことがあった。四人の学生が催眠術の実験をしていた。催眠術とは、想像の力にほかならない。催眠術にかけられた人間は、想像力の中へ深く落ちていく。そして暗示されたことは、すべて起こる。さて、学生たちはひとりを催眠術にかけ、いろいろな暗示を与えていた。四人でひとりを催眠術にかけていた。催眠術にかかった学生は、言われることすべてをすぐにやった。「跳べ」と言われれば跳び、「泣け」と言われれば泣き始めた。「目から涙が溢れ出る」と言われれば、涙が溢れ出た。そこで四人はたわむれに言った、「さあ横になるんだ。君は死んだ」。すると学生は横になり、死んでしまった。

これは一九五二年に起こった。それがもとでアメリカでは、催眠術を規制する法律ができた。「研究の目的以外に催眠術を行なってはいけない。医療機関や、大学の心理学科が認めないかぎり、行なってはいけない」という法律だ。そうでないと危険だ。その学生はただ「自分は死んだ」と信じ、想像しただけだ。そして実際に死んでしまった。

もし想像力を通じて死が起こるものなら、なぜ生が起こらないことがあるだろう。

この技法は想像の力に基づくものだ。

精神を、自分の内と外に同時に想像する——宇宙全体が精神化するまで。

誰にも邪魔されないような場所に座る。ポツンと離れた部屋があればいい。あるいは、野外にそのような場所があればもっといい。自然の中、自然に近いところにいれば、想像力は豊かになる。周囲が人工的なものばかりだったら、想像力は衰える。自然は夢に満ちている——自然は夢見る力をもたらす。ひとりでいれば想像力は増す。だからこそ、あなたはひとりでいるのを恐がるのだ。べつに幽霊が出てくるわけではない。想像力が働くだけだ。想像力は、幽霊でも何でも、お望みのものを生み出す。ひとりでいれば想像の能力は増す。一方、人と一緒にいれば理性が力を持つ。理性がなければ人と関われない。人と関わるときには、理性が、マインドが、使われる。マインドはいつも機能している。誰もいなくなると、マインドは取って代わられ、あなたはもっと深い想像的な層へと戻る。ひとりになれば想像力が働き始める。

現在、「感覚剥奪」について、いろいろ実験が行なわれている。感覚剥奪というのは、人から感覚的な刺激をすべて奪ってしまうことだ。たとえば、人を防音室に入れて締め切る。すると外部からの音や光はすべて遮断される。ほかの人間と関わりを持つ可能性はなく、壁には絵もないし、室内には何もない。関わりを持つようなものが何もない。一時間、二時間、三時間たつと、被験者は自分自身と関わるようになる。想像的になる。自分自身に語りかけるようになる。自分で問いかけ、自分で答える。独り言が始まり、その中で彼はふたつに分かれる。そして突然、あるはずのないことが、いろいろ感じられてくる。たとえば音が聞こえる。防音室だから音は入ってこないにもかかわらず……。つまりそれは自分の想像だ。あるいは、香水の香りがしてくる。香水などないにもかかわらず……。つまり想像だ。その状態に三十六時間置かれると、もう現実と想像との区別がつかなくなる。三十六時間の感覚剥奪で、想像は現実となり、現実は幻想となる。だからこそ昔の探求者は、山など人気《ひとけ》のない場所へ向かったのだ。現実と非現実の区別がなくなるような場所に——。いったんその区別がなくなったら、想像力は全開となる。そうすれば想像力を使って、何かを創造できるようになる。

この技法を実行するには、人気のない場所に座るといい。周囲に自然があれば一番だが、そうでなければ部屋でもいい。それから目を閉じ、想像する——「内側と外側に精神的《スピリチュアル》な力が感じられる」と……。自分の内側には意識の川が流れ、それが部屋中に溢れ出していく。自分の内と外、いたるところに精神《スピリット》が現れる——エネルギーが現れる。ただ心《マインド》の中でそれを想像するだけでなく、体で感じてみる。体は脈打ち始める。体の脈打つのが感じられたら、それはつまり想像力が機能を始めたということだ。

宇宙全体が、少しずつ精神化していく。すべてが、精神となっていく……部屋の壁、まわりの木々、すべてが非物質化し、精神となっていく。物質はもはやない。

それは現実でもある。物理学者によれば、物質とは幻想だ。エネルギーこそが現実だ。目には固体と映っても、その固体性は外観に過ぎず、固体であるものはない。物理学が物質の中に深く入れば入るほど、物質は消え失せていく。ただ非物質的エネルギーだけ、非限定的なエネルギーだけが残る。

このように想像していけば、やがてあなたは、意識的な努力によって、理性の構造、理性のパターンを壊していく。「内にも外にも、物質はない。ただエネルギーだけ、精神だけだ」とあなたは感じる。ほどなく、内も外も消え去ることだろう。体が精神的になれば、「体はエネルギーだ」と感じられるようになる。すると、内と外との区別がなくなり、境界は消え去る。そこにあるのは、ただの流れ、ただの大海であり、それが脈打っている。それはまた現実でもある。つまり想像力を通じて現実に達するわけだ。

想像力は何をするのか。想像力はただ破壊するだけだ――古い観念を、物質を、マインドの古い様式を……その様式は、いつも物事を一定の仕方で見ている。想像力はそれを破壊する。すると真実が開かれる。

精神を、自分の内と外に同時に想像する——宇宙全体が精神化するまで

……つまり「あらゆる区別が消失したと感じられるまで」、「あらゆる境界が溶解して、宇宙がエネルギーの大海となるまで」だ。

それはまた事実でもある。この技法の中に深く入っていけばいくほど、あなたはきっと恐くなるだろう。狂気に陥るのではないかと……。私たちの正気は、区分によって成り立ち、またいわゆる「現実」によって成り立っている。だから、この現実が消失し始めると同時に、自分の正気も消失していくように感じられる。

聖者と狂人はどちらも、私たちのいわゆる「現実」を超えた世界へと向かう。どちらもだ。ただし、狂人は落下し、聖者は超越する。その違いはごく小さなものだ、しかし同時に、たいへん大きなものでもある。もし何の努力もなく、マインドや、様々な区分や、現実・非現実を失ったとしたら、それは狂気だ。しかし、意識的な努力によって、様々な固定観念を破壊したとしたら、それは「非-正気」であって、狂気ではない。この非正気こそが、宗教の地平だ。それは正気を超えている。ただし意識的な努力が必要だ。肝心なのは、いたずらに犠牲者とならず、主人のままであることだ。自らの努力こそが、マインドの様式を破壊する。そうすれば、様式のない真実《リアリティー》

が見えてくる。
様式のない現実《リアリティー》こそが唯一の現実だ。様式のある現実は、たんなる押しつけだ。だから、現代の文化人類学によれば、同じ現実であっても、それぞれの社会、それぞれの文化によって見え方が違う。なぜなら、それぞれ様式やパターンが異なるからだ。現在、世界には様々な原始社会が存在している。そうした社会では、この同じ世界がまるきり違って見える。解釈がまったく違う。現実は私たちにも彼らにも同じでも、それを見る際に使う様式が違っている。

たとえば、仏教によれば、世界に実体はない。世界は移り行きだ。実体的なものはない。すべては動いている。あるいは、もっと正確に言えば、動きこそがすべてだ。「すべては動いている」と言うと、「何か動いているものがある」といった古い虚妄が顔を出す。ブッダいわく、「何も動いていない、ただ動きだけがある。いっさいは動きだ」。

だから、タイやミャンマーなどの仏教国には、「在る」に相当する言葉がない。かつて聖書が初めてタイ語に翻訳されたとき、それが問題となった。聖書の中では「神は在る」と言われている。しかしミャンマー語やタイ語では、「神は在る」とは言えない。どのように言っても、「神は成る」になってしまう。

すべては動いている。「在る」ものはない。ミャンマー人が世界を見れば、そこに見えるものは動きだ。私たちが世界を見れば……特にギリシア指向の西洋精神が世界を見れば、そこに移り行きはない。実体だけだ。そこにあるのは死物だけで、動きはない。川を見るときでさえ、「川は在る」というふうに見る。川はそこに「在る」わけではない。川の意味するもの、それは動きであり、「絶えず成るもの」だ。決して「成った」というようにはならない。それは終わりのないプロセスだ。木を見れば、私たちは「木が在る」と言う。

でもミャンマー語ではそう言えない。ミャンマー語では、「木は成る、木は流れている、木は育っている、木は移り行きの中にいる」と言うのみだ。もし、このようなマインドの様式、つまり「すべては移り行く」という様式の中で子供が育てられたら、世界つまり現実はまったく違うものとなるだろう。あなたが見ると、また現実は違っている。現実は同一なのに、その現実に対して別個のマインドが適用され、解釈される。それで現実は異なってくる。

だから、ひとつ根本的なのは次の点だ。もしマインドの様式が捨てられなければ、もし様式が解除されなければ、もし条件づけが捨てられ、条件解除されなければ、現実《リアリティー》はわからない。できるのは解釈だけだ。その解釈は自分のマインドの所産だ。様式のない現実こそが、唯一の現実だ。

この技法は、非様式化、非条件化に有効だ……心《マインド》の中に集積した言葉の溶解に有効だ。あなたに現実が見えないのはそのせいだ。要はまず、自分の目に現実と見えるものを、すべて溶かし去ることだ。
エネルギーを想像してみる――実体的でなく、静的でなく、移り行きであり、動きやリズムや踊りであるものを、想像する。そして宇宙全体が精神化されるまで、想像し続ける。やりとおせば三ヵ月のうちに……毎日一時間、一所懸命にやれば三ヵ月のうちに、きっと周囲の存在がすっかり違って感じられるようになる。もはや物質はない。非物質的で大海のような存在、波動があるのみだ。これが起これば、神というものがわかる。エネルギーの大海こそが神だ。べつに神という人物がいるわけではない。天のどこかで玉座に就いているわけではない。そんな者はいない。神とは、いっさいの存在物の「全体性」だ。存在のこの創造的なエネルギーこそが神だ。ところが、私たちには思考の様式がある。それで私たちは「神は創造者だ」などと言う。神は創造者ではない。むしろ、神とは創造の力であり、創造そのものだ。

繰り返し繰り返し、私たちの心には、こう叩き込まれてきた――「過去のあるとき、神は世界を創造した。そしてその創造は完了した」。キリスト教によれば、神は六日間で世界を創造し、七日目には休んだ。それで七日目の日曜日は、休みになっている。神はその日に休んだ。神は六日間で世界を創造した――その世界は永遠のものであって、それから先に創造はない。六日目以降、もはや創造はない。

これはまったく死んだ概念だ。タントラいわく、神とは創造性だ。創造とは、決して過去のどこかで起こるような歴史的出来事ではない。それは瞬間瞬間に起こっている。瞬間瞬間に神は創造している。ただ、そこにもまた言語の問題がある。「神は創造している」と言うと、「神という人物がいて、創造し続けている」という語感がある。それは違う。瞬間瞬間に活動し続ける創造性、それこそが神だ。だから人間は瞬間瞬間に創造の中にいる。これは、じつに生き生きとした考え方だ。

一方の考え方によれば、神がどこかで創造を行なった。それ以来、人と神の間には事実上何のつながりも関係もない――神は創造を行ない、そしてそれは終わった。しかしタントラに言わせれば、瞬間瞬間にあなたは創造されている。これはじつに生き生きした概念だ。瞬間瞬間にあなたは、〈神〉と、創造性の源泉と、深い関係を結んでいる。

この技法を通じて、創造の力を垣間見ることができる――内に外に。ひとたび創造の力や、その感触、衝撃を感じたら、あなたはまったく別人になる。もはや二度と同じではない。すでに神はあなたの中に入っている。あなたはその住みかとなった。

103 欲求と闘わない

第二の技法。

自分の全意識をもって、
欲求の冒頭、「知ること」の冒頭において、知る。

この技法の基本点は、「全意識」だ。全意識をある対象に持っていけたら、それは変容をもたらす力となる。変容が起こるのは、何かの中にすべてを注ぎ込んだときだ。その対象は何でもいい。これは難しい。どこにいても私たちは、いつも部分的だ。決して全面的ではない。

あなたは、ここで私の話を聴いている。この「聴いていること」もまた変容となる。もしあなたが全面的にここにいたら、まさに今この瞬間にいたら、もしあなたのすべてが聴いていたら、その聴いていることが瞑想となる。そうしたらあなたはきっと、エクスタシーの別次元、別世界へと入っていくだろう。ところがあなたは全面的でない。それこそが人間のマインドにまつわる問題だ。いつも部分的だ――一部は聴いているが、ほかの部分は別のところにあったりする。眠っているかもしれないし、話の意味を考えているかもしれない。すると分離が生じる。分離はエネルギーを浪費させる。だから要は、何でもいいから自分の全存在を挙げて行なうことだ。何も手控えることなく、ほんの一部の分離もなく、すべてをもって飛び込む。自己の全存在を挙げてその中に入れば、どんな行為でも瞑想的になる。

こんな話がある。ある日、臨済が庭仕事をしていた。臨済は禅師だった。すると男がひとり、近寄ってきた。男は哲学的な質問を抱いていた。哲学的な探求者だった。男は庭仕事をしている臨済に近寄っていった。でもそれが臨済だとは知らなかった。庭師か使用人だと思っていた。そこで、臨済はどこかと尋ねた。すると臨済は言った、「臨済はいつもここにいる」

男は思った、「この庭師は頭がおかしいようだ。『臨済はいつもここにいる』とか言う。この男にはもう何も尋ねないほうがいい」。そこでほかの人間に尋ねようと思い、その場を去ろうとした。すると臨済は言った、「行っちゃいかん。臨済はどこにも見つからない。いつもここにいる」。しかし男はこの狂人から逃げだした。

その後ほかの人間に尋ねると、最初に出会った人間が臨済だとわかった。そこで男は戻ってきて言った、「どうも失礼しました。てっきり気違いかと思いました。ところで、お聞きしたいことがあります。真理とは何でしょうか。どうしたらそれを知ることができるでしょう」。臨済は言った、「何でも好きなことをすることだ。ただし、自分のすべてをもってする」

何をするかは重要ではない。肝心なのは自分のすべてをもってすることだ。

「たとえば」、臨済は言った、「この穴を掘るとき、私のすべてはこの掘るという行為の中にある。この私は、あますところなく、すべて、穴掘りの中に入っている。もはや掘り手さえも残っていない。掘ることだけがある。掘り手が残っているということは、自分が分割されているということだ」

たとえば、私の話を聴いているとき、聴き手が残っていたら、あなたはまだ全体ではない。しかし、ただ聴くことだけがあり、聴き手が残っていなかったら、あなたは全体であり、今ここにいる。そして今この瞬間が瞑想となる。

シヴァはスートラの中で言う、

自分の全意識をもって、欲求の冒頭、「知ること」の冒頭において、知る。

欲求が自分の内部に生じたとき、タントラは「それと闘え」とは言わない。それは不毛だ。誰も欲求とは闘えない。それはまた愚かでもある。内側のものと闘うのは、自分自身と闘うことだ。

そうしたら精神分裂になる――人間性が分裂してしまう。いわゆる宗教はみな、人間を少しずつ精神分裂に追いやる。誰もが分裂し、そして自分自身と闘っている。それもいわゆる宗教が、「これこれは悪い。してはいけない」と言うせいだ。だとしたら、その悪い欲求が生じたらどうするか。それと闘い続けるほかなくなる。

「欲求と闘うな」とタントラは言う。べつにそれは、欲求の犠牲になれということではない。また、欲求に耽溺しろということでもない。タントラは非常に微妙な技法を与える。欲求が生じつつあるときに、自己のすべてをもって覚醒し、自己のすべてをもってそれを見つめる。「見ること」になる。「見る者」を残しておかない。自分の全意識を、この生じつつある欲求へと持ってくる。これはじつに微妙な技法だ。でもすばらしい。その効果は奇跡的だ。

理解すべきことが三つある。ひとつ。欲求がすでに生じてしまったら、もう何もできない。そうしたら欲求は最後まで行く……その円環が完了するまで進んでいく。あなたにはどうしようもない。何かができるのは、始めのときだけだ。すると、種子はその場で焼かれる。ところが、いったん発芽し、木が成長し始めたら難しくなる――何かしようとしても、ほとんど不可能だ。何をしようとも、エネルギーを浪費するばかりで、あなたはますます苦悩し、苛立ち、消耗していく。

欲求が生じるとき、その冒頭、その最初の一瞥、その最初の閃《ひらめ》きの時点で、自分の全意識を挙げ、存在のすべてを挙げて、その欲求を見る。何もしない。ほかには何もいらない。ただ全存在をもって火のように見つめれば、その種子は燃える——何の葛藤も、何の闘いも、何の争いもなく、存在全体をもって深く見つめれば、今まさに現れようとしている欲求は、すっかり消え去る。何の闘いもなく欲求が消え去ると、そこに大きな力がみなぎってくる。巨大なエネルギーと、途方もない覚醒が現れる。それは想像もできないほどだ。

もし闘ったら、きっと負けてしまう。たとえ負けなかったとしても、たとえ欲求を負かしたとしても、結局は同じことだ。何のエネルギーも残っていない。勝っても負けても、挫折を感じるだけだ。どちらにしても結局は消耗する。その欲求は、あなたのエネルギーを相手に闘い、あなたもまたその同じエネルギーを相手に闘う。欲求のエネルギー源と、あなたのエネルギー源は同じだ。だから結果がどうあれ、その源泉は消耗する。

しかし、欲求が始めのうちに消失し、何の葛藤もなければ……。このことが基本だ、何の闘いもなく、ただ見つめる。また、その眼差しも敵対的なものではいけない。破壊しようという心や敵意のない、全面的な眼差し——その全面的な眼差しの強烈さによって、種子は焼かれる。そして、その欲求、生じようとしていた欲求が、大空の中の煙のように消え去るとき、後には途方もないエネルギーが残る。そのエネルギーこそが至福だ。そこには、それ自身の美しさ、優美さがある。

自分の欲求と闘い続けているいわゆる聖者たちは、どれも醜い。その「醜い」という意味は、まったく狭量だということ、闘っているということだ。その人間性には、何の優美さもない。彼らはいつも消耗している。エネルギーがない。エネルギーがすっかり、内側の闘いに吸い取られている。ブッダはまったく違う。ブッダの人間性に現れる優美さのもとは、消失した欲求にある――葛藤や闘いや内側の暴力なしに消失した欲求にある。

自分の全意識をもって、欲求の冒頭、「知ること」の冒頭において、知る。

まさにそのとき、ただ知り、見つめる。ほかのことはしない。ほかには何も必要ない。唯一必要なのは、あなたの全存在がそこにあるということだ。あなたが全面的にそこにいるということだ。

これこそが、暴力なしに究極の悟りに到達する秘密のひとつだ。また決して、暴力によっては、神の王国に入れない。その扉は、いくら叩きに叩いたところで、決して開かない。自分の頭は割れるかもしれないが、扉は決して開かない。

もしあなたが内側深くにいて、非暴力的で、何物とも闘わなければ、扉はつねに開かれている。今まで閉じていたことはない。イエスは「叩け、そうすれば扉は開かれる」と言うが、私に言わせれば、叩く必要さえない――「見よ、扉は開いている」。扉は今まで、つねに開いていた。決して閉じていたことはない。ただ、深く、全面的な眼差しが必要なだけだ

104 知覚の限界

第三の技法。

シャクティよ、
各々の知覚は限られており、
全能の中に消失していく。

私たちの見るものすべては、限られている。感じるものすべては、限られている。知覚はすべて限られている。それに気づいたら、限られたものすべては、無限の中に消え去る。空《そら》を見てご

らん。見えるのは、空の限られた一部分だ。それが限られて見えるのは、空が有限だからでなく、あなたの目が、視界が限られているからにすぎない。そのことに気づけば……つまり、「その限界は、視界のせい、目のせいであって、空が有限だということではない」と気づけば、境界線は無限の中に溶け去っていく。私たちの見るものすべてが有限なのは、「見ること」のせいだ。それがなければ〈存在〉は無限だ。それがなければ、すべては互いに溶け合っている。すべては境界線を失う。瞬間ごとに、波は大海の中に消え失せていく。何物にも、始まりもなければ、終わりもない。すべては別のすべてになる。

限界は、私たちがこしらえたものだ。原因は自分にある。私たちには無限が見えない。だから分割してしまう。何に対しても、同じことをやっている。自分の家のまわりに柵をめぐらして、「この土地は私のものだ。この柵から向こうは他人のものだ」と言う。でも実際のところは、あなたの土地も隣人の土地もひとつだ。柵はあなたが作ったものだ。土地は分かれていない。ところがあなたと隣人は分かれている。それはあなたのマインドのせいだ。

諸国家が分かれているのも人間のマインドのせいだ。ある一線でインドは終わり、パキスタンが始まる。つい最近まで、現在のパキスタンの地はインドだった。当時、パキスタン全土はインドだった。ところが今、パキスタンは分かれている。障壁ができてしまった。でも土地は同じままだ。

こんな話がある。インドとパキスタンが分離するころ、その両国のちょうど境目あたりに、精神病院がひとつあった。政治家たちにとって、その精神病院がインドに行くか、パキスタンに行くかは、たいした問題ではなかった。でも院長はひどく心配していた。そこで彼は、その帰属先を問い合わせた――インドかパキスタンか。するとデリーの政府からこんな答えがあった、「それは収容者に聞いたほうがいい。投票でもして決めなさい」

この院長は、精神病院で唯一、正気な人間だった。そこでみんなに説明しようとした。狂人たちをみんな集めてこう言った、「さあ、どちらに行くかはみなさんしだいだ。インドがよければインドへ行くし、パキスタンがよければパキスタンだ」。でも狂人たちは言った、「私たちはここに居たい。どこにも行きたくない」。院長は懸命に説明した、「もちろん、みなさんはここにとどまる。べつに心配はいらない。みなさんはここにとどまるが、さて、いったいどちらに行こうか」。狂人たちは言った、「みんなは私たちのことを気違いだと言うが、あなたのほうが気違いじゃないか。私たちはここにとどまると言いながら、さてどちらへ行くかなんて、なぜそんな心配をする」。院長は、いったいどうして説明したらいいのか途方に暮れた。

道はひとつしかなかった。そこで、敷地内に壁を作って園を二等分した。一方はインドになり、もう一方はパキスタンになった。すると、ときどきパキスタン側から狂人が壁を乗り越えてやって来て、またインド側からも狂人が壁を乗り越えてやって来て、互いに語り合うのだ。どちらも事の次第がまだよく呑み込めていない。「みんな同じ場所にいる。それなのに、君たちはパキスタンに行ったし、私たちはインドに行った。でも誰もどこにも行ってやしない」

狂人が途方に暮れるのも無理はない。彼らには決して理解できないだろう。なぜならデリーやカラチにはもっとひどい狂人たちがいるのだから。

私たちはいつも分割する。しかし、生は、〈存在〉は、分かたれていない。いっさいの線引は人為的なものだ。便利なものだが、それに囚われてはいけない。実際のところ、それは人工的、便宜的なものであって、真のもの、本物ではない。ただの神話だ。役には立つが、それ以上に深いものではない。

スートラいわく、

シャクティよ、各々の知覚は限られており、全能の中に消失していく。

限られているものを見るときには、つねに思い出すのだ――「その限界を超えれば、限界は消失する」と。要は、つねにそれを超えた向こうを見ることだ。

これを瞑想にするといい。木の下に座り、何であれ視界に現れるものを見る。そしてそれを超えたその向こう、さらにその向こうを見る。途中で停止しない。その木が溶け始める地点を探る。この木、庭にあるこの小さな木は、〈存在〉をそっくり内に秘めている。その木は瞬間瞬間に溶けている。もし明日、太陽が昇らなければ、この木は死ぬ。この木の生命は、太陽の生命に結びついている。その距離は非常に大きい。太陽光線が地球に届くまでに八分かかる。八分というのは非常に長い。光の速度は非常に速い――途方もなく速い。一秒間に三十万キロ進む。光が太陽からこの木に到達するのに、八分かかる。その距離は、途方もなく大きい。ところが太陽がなくなったら、この木はたちまち消え去る。両者は一緒に存在する。瞬間ごとに、木は太陽の中に溶け入り、太陽は木の中に溶け入る。

太陽は瞬間ごとに木の中に入り、木を生かしている。でも、その逆については、科学はまだ知らない。宗教に言わせれば、その逆もまた起こっている。生に一方通行はない。もし太陽が木に生を与えているなら、木もまた太陽に生を与えているはずだ。木もまた太陽に生を返しているはずだ。生にはつねに応答関係がある。そのようにしてエネルギーは均衡する。木は必ずや太陽に生を与えているはずだ。両者はひとつだ。そうして木は消失する。限界は消失する。

何かを見るとき、つねにそれを超えて見てみる。途中で止まってはいけない。つねに、その向こう、その向こうを見る——自分のマインドがなくなるまで……限定的な様式がすっかりなくなるまで。

突然、ひらめきが起こる——「全〈存在〉はひとつだ」と。その「ひとつ」こそがゴールだ。突然マインドは、様式や限定や境界に疲れる。それでもさらに頑張って、もっと向こうへもっと向こうへと押していけば、やがてマインドは滑り落ちる……突然、マインドは消え去る。すると〈存在〉は広大な「ひとつ」として現れる。すべてが互いに溶け合い、すべてがほかのものに変化していく。

シャクティよ、各々の知覚は限られており、全能の中に消失していく。

これを瞑想にするといい。一時間のあいだ座って試してごらん。どこにも限界をつくらない。もし限界があったら、それを超えてどんどん進んでいく。ほどなくマインドは疲れてしまう。なぜなら、マインドは無限を相手にできないからだ。マインドが扱える相手は有限だけだ。無限は扱えない。マインドはきっと退屈し、飽きてしまう。それでマインドは、「もういい、やめてくれ」

と言う。でもやめてはいけない。どこまでも進む。やがてマインドは置き去りにされ、意識だけが進む——そんなときがやってくる。そのときこそ、「ひとつ」、非二元性のひらめきが得られる。それがゴールだ。それが意識の最高点だ。それこそ、人間のマインドに可能な最大のエクスタシーであり、最深の至福だ。

◉……105 存在がひとつであることを認識する

第四の技法。

真理の中では、それぞれの姿形《すがたかたち》は分離していない。
遍在する存在とあなた自身の姿は分離していない。
各々のものは、この意識によってできている——それを認識する。

真理の中では、様々な姿形は分離していない。様々な姿形は、外見上、分離している。しかし、どの姿形もほかの姿形とつながっている。だから、「姿形は存在する」と言うより、「姿形はほかの姿形と共存する」と言ったほうが適切だ。私たちは実際、共存している。それはまさに、「相互-現実」であり、「相互-主観性」だ。

たとえば、あなたがただひとりこの地球上に住んでいると考えてごらん。あなたはいったいどうなるか。全人類はすでに消え去り、あなたはただひとり残されている。第三次世界大戦があって、あなたはただひとり、この世界、この大きな地球に残されている。さて、あなたはいったい何者か。

まず第一に、自分がひとりだと想像するのは不可能だ。繰り返すが、自分がひとりだと想像するのは不可能だ。いくら想像しようとしたところで、いつも誰かがそこに立っている――妻や、子供や、友人が。なぜなら、あなたはひとりでは存在できないからだ。想像の中でさえもだ。あなたは他者とともに存在する。あなたの存在は他者に由来する。それは他者の貢献だ。また、あなたも他者に貢献する。それはお互いだ。

もしひとりだったら、あなたはいったい何者か。はたして、良い人間だとか、悪い人間だとか言えるだろうか。いや、何とも言えない。良い悪いは関係の中に存在する。あるいは、美しいとか、醜いとか言えるだろうか。いや、何とも言えない。あるいは、男だとか女だとか言えるだろうか。いや、何とも言えない。なぜなら、人の有様《ありよう》は、すべて他者との関係に由来するからだ。

あるいは、賢いとか愚かだとか言えるだろうか……。やがてあなたにも少しずつ、姿形がすべて消失していくのがわかるだろう。そして姿形とともに、自分の内側の姿形もすべて消失する。あなたはもう、馬鹿でも利口でもなく、良くも悪くもなく、醜くも美しくもなく、男でも女でもない。そのときあなたは何者か。あらゆる姿形を除外していくと、きっとあなたは悟るだろう――「残るのは無だけだ」と。私たちには姿形が分離しているように見えるが、実際はそうでない。どの姿形も、ほかのものとつながっている。姿形が存在するのは、何かの様式の中だ。

スートラいわく、

真理の中では、それぞれの姿形は分離していない。
遍在する存在とあなた自身の姿形は分離していない。
各々のものは、この意識によってできている――それを認識する。

あなたの姿形と、〈存在〉全体の姿形でさえ、分離していない。あなたは〈存在〉とひとつだ。〈存在〉なしで、あなたは存在できない。その逆もまた真だが、それを想像するのは難しい。つまり宇宙もまた、あなたなしでは存在できない。

宇宙があなたなしで存在できないのは、あなたが宇宙なしで存在できないのと同じだ。あなたは今に至るまで、数多くの姿形でつねに存在してきた。これから先も、また数多くの姿形でいつまでも存在する。存在し続ける。あなたは宇宙の固有の一部だ。決して部外者ではない。よそ者ではない。あなたは、部内者で、内在的だ。宇宙にとって、あなたはかけがえのない存在だ。もしあなたを失ったら、宇宙はそれ自身を失ってしまう。それぞれの姿形は分離していない。非分離的だ、ひとつだ。線引や境界が存在するのは、外側だけだ。

それを認識すれば……。それを洞察すれば、それは認識となる。教条や思想ではなく、「私は宇宙とひとつだ。そして宇宙は私とひとつだ」という認識だ。

これこそ、イエスがユダヤ人に向かって語ったことだ。そしてユダヤ人は立腹した。イエスは、「私は天の父とひとつだ」と言った。それでユダヤ人は立腹した。「いったい何を言っているんだ。自分は神とひとつだって。それは冒涜だ。こらしめてやろう」

イエスはただ技法を教えていただけだ。彼が教えていた技法は、「それぞれの姿形は分離していない。あなたは全体とひとつだ」ということだ。「私は天の父とひとつだ」――それは自分の地位を主張していたのではなく、ただ技法を示していただけだ。「私は父とひとつだ」とは、べつに、「あなたは父とひとつではない――〈神〉とひとつではない」という意味ではない。イエスの「私」は、すべての「私」を表している。「私」のあるところどこでも、その「私」と神はひとつだ。ところがユダヤ人は彼を誤解した。それはまだ理解できる。実のところ、キリスト教徒でさえも誤解している。キリスト教徒によれば、イエスは神の独り子だった。彼だけが独り子だった。だから、ほかには誰も「私もだ」と主張しない。

私の読んだ本の中に、実にこっけいなものがある。その題名は『三人のキリスト』というものだ。精神病院に三人の男がいて、三人とも自分はキリストだと主張する。これは実話だ。作り話ではない。ある精神分析家が、その三人を研究した。そして思った——もしこの三人を引き会わせたらおもしろいに違いない。いったいどうなるだろう。どんなふうに紹介し合うだろう。どう反応するだろう。

そこで彼は三人を連れてきて、一室の中で引き会わせた。三人は自己紹介を始めた。第一の男が言った、「私は神の独り子、イエス・キリストだ」。二番めの男はそれを笑った。そして心の中で、こいつは気違いだと思った。そして言った、「なるほど。でもそんなわけはない。私がイエス・キリストだ。あなたも確かに、その『全体』の一部だ。その『意識』の断片は、確かにあなたの中にもある。でもイエス・キリスト、神の独り子は、この私だ」

第三の男は思った、ふたりとも馬鹿だ、狂っている。そして言った、「君たちは何を言っている。ほら、私を見てごらん。神の独り子はここにいる」

そこで精神分析家は、個別に感想を聞いてみた。三人とも、「あのふたりは気違いだ」と言った。三人は、それぞれ自分以外のふたりのことを狂っていると言った。

これは狂人にだけ起こっていることではない。もしキリスト教徒に、「あなたはクリシュナについてどう思う。彼は自分のことを神だと言っているが」と尋ねれば、きっとこう答えるだろう、「天から降臨したのはただひとり、イエス・キリストだ。歴史上、神が地上へと降臨したのはただ一度、それはイエス・キリストだ。クリシュナは良い人間、偉大な人間だ。しかしそれ以上ではない。神ではない」

また、ヒンドゥー教徒に尋ねれば、きっとイエスを笑うだろう。その狂気はどこでも同じだ。真理を言えば、誰もが神の独り子だ。誰もがだ。そうでないことは不可能だ。みな同じ源泉からやってきている——イエスであろうと、クリシュナであろうと、甲でも、乙でも、丙でも、誰であろうと、みな同じ源泉からやってきている。どの「私」も、どの意識も、〈神〉に直接結びついている。イエスはただ技法を与えていただけだ。ところが誤解されてしまった。

この技法は、それと同じものだ。

真理の中では、それぞれの姿形は分離していない。
遍在する存在とあなた自身の姿形は分離していない。
各々のものは、この意識によってできている――それを認識する。

たんに「自分はこの意識によってできている」と認識するだけではなく、「自分のまわりのすべてが、この意識によってできている」と認識するのだ。「自分はこの意識によってできている」と認識するのはまったくたやすい。その認識は往々にして、たいへんエゴ的な感覚をもたらす――エゴの深い充足をもたらす。でも、他者もまたそうだと認識すれば、それは謙虚さとなる。すべてが神的であれば、決してエゴ的なマインドは持てない。すべてが神的であれば、あなたは謙虚になる――もはや自分がほかのものより高くはなくなる。〈存在〉はすべて神的だ。どこを見ても、そこに見えるものは〈神〉だ。見る者も、見られるものも、ともに神的だ。なぜなら姿形は分離していないからだ。あらゆる姿形の下には、同じ「姿なきもの」が隠れている。

第四章

生とは性エネルギー

——◎質問◎——

◎

タントラは、あまりセックスとは関係ないようですが。

◎

無智と悟りとは、どう関係しているのですか。

◎

なぜクリシュナムルティは、技法を無用視するのでしょうか。

◎

体系構築の功罪について。

◎

◎……………最初の質問

タントラといえば、普通、性エネルギーと性中枢関連の技法が中心だと考えられています。ところがお話によると、タントラはすべてを包括しているとのことです。もしタントラが性エネルギーだけに関わるものなら、ヴィギャン・バイラヴ・タントラの技法は、ほとんどが非タントラ的技法ということになります。いかがですか。

理解すべき第一の点は、性エネルギーについてだ。あなたの理解によると、性エネルギーとは、たんに生の力の一部、一断片だ。しかしタントラによれば、性エネルギーは生と同義であって、その一部でも、一断片でもない。生そのものだ。だからタントラの言う「性エネルギー」とは「生エネルギー」を意味する。

同じことが、フロイトの言う性エネルギーの概念にもあてはまる。彼もまた、西洋ではまったく誤解されてきた。人々の目には、彼がすべてをセックスに還元しているように見えた。しかし彼のしていたことは、古来からタントラがしてきたことと同じだ。生とはセックスだ。この「セックス」という言葉は、生殖に限定されるものではない。生エネルギーの遊びのすべてがセックスだ。生殖とは、その遊びの一部でしかない。陰と陽のエネルギーが出会うところ、つねにセックスがある。

これはなかなか理解しにくい。たとえば、あなたは私の話を聴いているが、もし「聴く」ことについて、フロイトに尋ねてみれば、あるいはタントラの導師に尋ねてみれば、きっとこう答えるだろう。聴くことは受動的で、女性的だ。語ることは男性的だ。語ることは、聴き手を貫くことだ。そして聴き手はそれを受け取る。語り手と聴き手の間には、性的な行為が起こっている。語り手は聴き手を貫こうとし、聴き手はそれを受け取ろうとする。聴き手のエネルギーは、女性的なものになっている。もし聴き手が女性的でなければ、そこに聴くという現象はない。だから、聴き手はあくまで受動的になる必要がある。聴いているときには考えるべきでない。思考は人を能動的にする。また自分の中で論議すべきでない。論議は人を能動的にする。聴いているときには、ただひたすら聴くべきであって、ほかのことをしてはいけない。そうして初めて、メッセージは聴き手を貫き、意味あるものとなる。でもそのときには、すでに聴き手は女性的になっている。

コミュニケーションが起こるのは、一方が男性的、他方が女性的になっているときだけだ。そうでないとコミュニケーションは成立しない。陰と陽が出会うところ、どこでもセックスは起こる。それは肉体のレベルでも起こる。陽と陰の電気が出会ってセックスが起こる。両極が出会うとき、対極が出会うとき、つねにそれはセックスだ。だから「セックス」は非常に広範な概念だ。生殖だけに限定されるものではない。生殖は、たんにセックスの中に含まれる現象のひとつだ。

そしてタントラによると、究極の至福とエクスタシーが内側で現れるのは、自分自身の陽陰両極が出会うからだ。どの男も、男と女の両方であり、また、どの女も、女と男の両方だ。というのも、人が生まれるのは、たんに女だけからでも、男だけからでもないからだ。反対物どうしが出会って、人は生まれる。父親がいて、母親がいる。だからあなたの半分は母親であり、半分は父親だ。その両方が、あなたの中に共存している。その両方が内側で出会うとき、エクスタシーが起こる。

菩提樹の下に座っているブッダは、内なる深いオーガズムの中にいる。内なるふたつの力が出会い、互いに溶け合っている。もはや外に女性を求める必要はない。すでに内側の女性に出会っている。ブッダは外側の女性に執着しない。超然としている。べつに女性を敵視しているからではなく、すでに内側で究極の現象が起こっているからだ。もはやその必要がない。すでに内なる円環は完結している。だからこそブッダの顔には、あのような優美さが現れるのだ。その優美さは完結によるものだ。もはや何も欠けていない。すでに深い成就が起こっている。もはやそれ以上、旅する必要がない。もう究極的な運命を果たしている。内側の力は、すでに出会っている。もはや葛藤はない。それはひとつの性的現象だ。瞑想とは性的な現象だ。だからこそ、「タントラはセックスに基礎をおき、セックス指向だ」と言われるのだ。そしてこれら百十二の技法はすべて性的だ。

実際、性的でない瞑想技法というものは存在しない。ただ、この「セックス」という概念の広がりをよく理解することだ。もしそれが理解できなければ、混乱が起こり、誤解が生じる。

タントラの言う「セックス・エネルギー」とは、まさしく「生の躍動《エラン・ヴィタール》」であり、生エネルギーそのものだ。意味は変わらない。私たちのいわゆる「セックス」とは、生エネルギーの一次元にすぎない。次元はほかにもたくさんある。そうあってしかるべきだ。こちらでは種子が発芽し、あちらでは木に花が咲き、鳥が鳴いている——そうした現象のすべてが性的だ。生がいろいろな仕方で自己を表現している。鳥の鳴声は性的な呼び声だ、誘いだ。花は蝶や蜂を招いている。それも誘いだ。なぜなら、蜂や蝶が種子を運んでくれるからだ。星々は宇宙を運行している……それについてはまだ誰も研究していないが、タントラの最古の観念によれば、惑星には雌雄がある。そうでなければ動きは存在しない。動きには極性が必要だ。対極性があって初めて、磁力が発生し、引力が起こる。惑星にもきっと雌雄がある。あらゆるものが雌雄という対極に分かれている。

そして生は、この二極間のリズムだ。斥力と引力、近づくこと、遠ざかること。そうしたものがリズムだ。

対極が出会うとき、タントラはつねに「セックス」という言葉を使う。対極の出会いは性的な現象だ。そして瞑想の目的は、いかに内側の対極を出会わせるかだ。だからこれら百十二の瞑想法はすべて性的だ。非-性的ということはありえない。不可能だ。ただし、この「セックス」という言葉の広がりを理解することが必要だ。

◎…………第二の質問

お話によると、〈存在〉は一個の全体であり、すべては関連し、物事は互いに溶け合っており、木は太陽なしに存在できないし、太陽は木なしに存在できない、ということです。それに関してうかがいたいのですが、無智と悟りは、互いに関連しているのでしょうか。

無智と悟りは関連している。そのふたつは互いに対極にあたる。悟りが存在できるのは、無智があるからこそだ。無智が世界から消失したら、悟りも同時に消失する。二元的な思考のせいで、私たちはつねに「対立物」という見地で考える。無智と悟りは互いに補い合っている。真の意味で反対ではない。補いあっているということは、ともに他方なしでは存在できないということだ。だから敵どうしではない。誕生と死は敵ではない。誕生がなかったら、死は存在できない。誕生は、死が存在するための基礎を作る。また誕生も死がなかったら存在できない。死がその基礎を作る。

誰かが死ぬときには、つねに誰かが生まれる。死は、次の瞬間に生となる。生と死は一見すると反対のものだ。表面的には互いに反対物として働くが、奥底では友であり、互いに助けあっている。

誕生と死についてなら、この事情を理解するのも簡単だ。ところが無智と悟りの場合、それを理解するのは難しい。普通一般の考えでは、悟りを開けば無智はすっかり消え去る。これが悟りについての普通の立場だ。つまり、無智はすっかり消え去る。しかしそれは違う。むしろその逆に、悟りを開くと、悟りと無智のどちらも消え去る。一方が存在すれば、他方も必ず存在する。一方は他方なしに存在できない。そのふたつは、ともに存在するか、ともに消え去るかのどちらかだ。ひとつのものの両面だ。コインの両面だ。コインの一面だけを消し去り、他面を残しておくわけにはいかない。

だからブッダになると、無智と悟りの両方が消え去る。そして意識が残る。対極性は消え去り、純粋な存在が残る。葛藤し、対立し、助け合う反対物は、ともに消え去る。

ブッダは何度となく質問される——「悟った人間には何が起こるか」と。しかし、彼はそれに対して黙するだけだ。ブッダいわく、「それを尋ねてはいけない。何と答えても、嘘になる。たとえば、『悟った人間は静寂となる』と言えば、静寂の逆が存在することになる。そうでなかったら、どうして静寂が感じられるだろう。また、『悟った人間は至福に満ちる』と言ったら、苦悩がその隣に存在することになる。苦悩がなかったら、どうして至福が感じられるだろう」。ブッダは「何と答えても嘘になる」と言う。だから彼は、悟った人間の状態については、いつも黙ったままだ。

私たちの言葉は二元的だ。たとえば、私たちは「光」という言葉を使うが、誰かに「それを定義せよ」と言われたら、あなたはいったいどう定義するか。きっと闇を持ち出すだろう。そうしなければ定義できない。きっと「光とは闇のないことだ」などと言うだろう。

世界でもっとも偉大な思想家のひとり、ヴォルテールはかつてよく言ったものだ、「まず用語を定義しなければ、意見の交換はできない」と。でもそれは不可能だ。もし光を定義したかったら、闇を持ち出すことになる。ところが、闇とは何かと聞かれたら、今度はそれを光によって定義するほかない。ところがその光は未定義だ。定義はすべて循環的だ。昔から、「心とは何か」と問われたら、「物質ではないもの」というのがその定義だった。そして「物質とは何か」と問われたら、その定義は「心ではないもの」だった。その用語はどちらも未定義だ。結局それは、自分に対するごまかしだ——未定義の言葉を使って、ほかの言葉を定義しようとする。言語は循環的であり、対立するものが不可欠だ。

だからブッダは言う、「悟った人間が存在するとさえ、私は言わない」。存在が可能なのは非存在がそこにあるからだ。だから彼は、「悟った後、その人間は存在する」とすら言えなかった。なぜなら、存在の定義には非存在が必要だからだ。それで何も言えなくなる。言語はすべて、対極性によって成り立つ。だからこそ、ウパニシャッドの中ではこう言われているのだ——「『自分は悟っている』と言う人間がいたら、その人間は悟っていない。なぜ自分が悟っていると感じられるのか。きっとどこかに無智が残っているのだ。その対照があるからこそ、そう感じられるのだ」と。

たとえば、黒板の上に白墨で何かを書く。黒板が黒ければ黒いほど書いたものは白くなる。白板の上に、白墨で書くわけにはいかない。書いても読めない。対照が必要だ。だからもし、自分が悟ったと感じられるようなら、そこに黒板があるということだ。だからこそ、そう感じられる。もし本当に黒板が消え去ったら、書いたものも、やはり消え去るはずだ。それは同時に起こる。

だからブッダは、無智でもなければ、賢くもない。彼はただ在る。どちらか一極に彼を据えるわけにはいかない。両極はともに消え去っている。

両極が消え去るとは、いったいどういうことか。両極は、出会うと互いに打ち消しあい、消え去る。あるいは、次のようにも言える――ブッダとは、もっとも無智が深く、そしてもっとも悟った人間だと。対極性はその極致に達し、そこに出会いがあった……そしてその出会いは両方を無効にした。マイナスとプラスが一緒になった。もはやマイナスもプラスもない。両方は互いを無効にした。マイナスはプラスを無効とし、プラスはマイナスを無効とした。どちらも消え去り、純粋な存在、無垢な存在が残る。それは賢いとも言えなければ、無智だとも言えない。あるいは、その両方とも言える。

悟りとは、非二元性へと飛び込む地点だと言える。その地点の前には二元性があり、そこではすべては分かれている。

誰かがブッダに、「あなたは誰ですか」と尋ねた。ブッダは笑った。そして、「それを言うのは難しい」と言った。

でも男は言い張った。「何か言えるはずです。あなたはちゃんと居るのですから。何か言えるでしょう。あなたはちゃんと居るのですから。何か意味あることが語れるでしょう。あなたはちゃんと居るのですから」

でもブッダは言った、「何も言えない。私は居る。いや、そのように言うことさえ本当ではない」

すると男は別の方向から尋ねた、「あなたは男ですか、女ですか」

ブッダは言った、「それを言うのは難しい。かつて私は男だった。そのとき、私の全存在は女に引き付けられた。私が男だったときには、私の心は女でいっぱいだった。ところが、私の心から女が消え失せたとき、それと同時に、私の男も消え失せた。もはや私には何も言えない。私には自分が誰だかわからない。定義するのは難しい」

二元性がなくなると、何も定義できなくなる。だから、「自分は賢くなった」と感じるとしたら、まだ愚かさが残っているということだ。また、「自分は至福に満たされた」と考えるとしたら、まだ当人が苦悩の世界にいるということだ。また、「自分はすこぶる健康だ」と感じるとしたら、まだ病気になる可能性があるということだ。つねに反対のものがつきまとう。一方を持ち出せば、他方がついてくる。だからどちらも捨て去ることだ。それを捨て去ることができるのは、両方が出会ったときだ。

だから宗教の基本的な方程式は、いかにして内側の対立物どうしを出会わせ、それによって両方が跡形もなく消え失せるようにするかだ。対立物の消失とともに、あなたも消え去る。今のようなあなたは、もはやいなくなる。何かまったく新しく、未知のもの、想像もできないものが出現する。それこそがブラフマン（梵）と呼ばれるものだ――神と呼んでもいい。ブッダはニルヴァーナという用語を好んだ。ニルヴァーナという単語は、在ったものすべての止滅、あらゆる過去の止滅を意味する。この「新しいもの」は、過去の経験や知識によっては定義できない。この新しいものは定義不能だ。

無智と悟りもまた二元性の一部だ。私たちの目には、ブッダは悟っているように見える。でも、それは私たちが無智の中にいるからだ。ブッダ自身にとってはどちらでもない。彼にとって、二元性の立場から考えるのは不可能だ。

◎……………第三の質問

シヴァはこれほど多くの技法を提示していますが、クリシュナムルティは技法を無用視しています。それについてはどうお考えですか。

技法を無用視するのもまた、ひとつの技法だ。この技法を使っているのはクリシュナムルティだけではない。昔からたびたび、この技法は使われてきた。それは最古の技法のひとつだ。何も新しいものではない。

二千年前には菩提達磨《ボーディダルマ》が使っている。達磨が中国にもたらしたものは、現在、「チャン」あるいは「禅」と言われるものだ。彼はインドの僧だった。そして無技法の立場をとっている。禅は無技法を基礎としている。禅師たちによれば、もし何かを行なったら、あなたは必ずしくじる。いったい誰が行なうのか。あなたか。あなたこそが病気だ。あなたからは何も生まれない。誰が努力をするのか。それはあなたのマインドだ。そして肝心なのは、あなたのマインドを破壊することだ。マインドによってマインドは破壊できない。たとえ何をしようとも、マインドは強化されるばかりだ。

そこで禅によれば、技法もないし、教典もない。また導師もいらない。ところが、すばらしいことに、禅の生み出した導師たちは、導師の中でも最高の人々だ。また、禅師たちによる教典は、世界でも最高のものだ。また、禅を通じて何千何万もの人々がニルヴァーナに到達した。ところが禅によれば、技法はないと言われる。

だからこの点を理解する必要がある。無技法も、実際のところは基本的技法のひとつだ。そしてその主眼は「無」に置かれる。するとマインドはなくなる。

マインドには、ふたつの姿勢が可能だ。つまり諾《イエス》と否《ノー》だ。選択肢はふたつ。ふたつにひとつだ……マインドはいつもそうだ。否《ノー》は女性的であり、諾《イエス》は男性的だ。だから否の技法も使えるし、諾の技法も使える。諾の技法を使うなら、技法はいくつもある――そして、とにかく諾と言わねばならない。一方、否を使うならば、技法は多くない。ひとつだけだ。否はいくつもない。諾ならいくつもある。

つまりこういうことだ。この世には、じつに多くの宗教がある。有神論の種類は、じつに多い。現在、少なくとも三百の宗教が存在している。だから有神論には、三百の寺院やら教会やら教典がある。では無神論はどうか。無神論には一種類しかない。ふたつはありえない。無神論に宗派はない。「神は存在しない」と言えば、それでおしまいだ。否と否は区別できない。違いはない。一方、「神は存在する」と言えば、違いの可能性が出てくる。私の諾は私の神を創り出し、あなたの諾はあなたの神を創り出す。あなたの諾はキリストに向けての諾で、私の諾はクリシュナに向けての諾だというふうに。しかし否の場合、あらゆる否は似たものだ。だからこの地上に、無神論の宗派は存在しない。

無神論者は、みな類似している。教典もないし、教会もない。肯定的な姿勢がなければ、もはや区別するものもない。ただの否で充分だ。同じことが技法についても言える。否にはひとつの技法しかない。諾には百十二の技法がある。それ以上も可能だ。新たに組み合わせればいい。

誰かからこんな質問がきた。「あなたの指導するダイナミック瞑想は、この百十二の瞑想法の中に入っていませんが」

いや、入っている。それは新しい組合せだ。その中にあるものはすべて、この百十二の瞑想法の中に入っている。その一部はある技法の中に、また、別の一部は別の技法の中に、といった具合だ。この百十二個は基本的な技法だ。そこから何千でも創り出せる。終わりはない。組み合わせはいくらでも可能だ。

ところが、「技法は存在しない」と言う人にとっては、技法はひとつだけだ。否から「多」は創り出せない。達磨、臨済、睦州《ぼくじゅう》、クリシュナムルティ……。実際、クリシュナムルティは、禅師たちの系譜を継ぐものだ。彼は「語る禅」だ。何も新しいものではない。禅はつねに新しく見えるが、その理由は、禅が教典や伝統や技法を重んじないからだ。

だから、「否」が再び出現すると、いつも新しく見える。「諾」には、伝統や、教典や、導師が存在する。諾のあるところにはいつも、長くて、始まりのない伝統がある。諾と言った人々、たとえばクリシュナやマハヴィーラはいつも言う、「自分は、べつに新しいことを言っているのではない」と。マハヴィーラは言う、「私の前に、二十四人のティルタンカーラ(大師)が同じことを教えてきた」。またクリシュナは言う、「私の前に、見者の甲が見者の乙にこの教えを伝え、そして乙が丙に伝え、そうしてここまでやってきた。私は、べつに新しいことを言っているわけではない」

諾はいつも古い。永遠だ。否はいつも新しく見える。まるで突然出現したかのようだ。否には伝統的な根が存在しない。根なしだ。だからこそ、クリシュナムルティは新しく見えるのだ。でも、じつは新しくない。

また、この「技法の否定」という技法は、いったい何物か。これは、マインドを破壊するための、もっとも微妙なやり方のひとつだ。マインドは何かにしがみつこうとする。マインドが存在するには支えが必要だ。空虚の中では存在できない。だからマインドは、いろいろな種類の支えを生み出してきた――教会、教典、聖書、コーラン、ギータ……。そうしたものがあれば、マインドは満足だ。しがみつくものがある。そうしてしがみついていれば、マインドは存在できる。

この無技法の技法とは、あらゆる支えを破壊することだ。だからこの技法によれば、教典など存在しない。聖書など役に立たない。聖書など言葉以外の何物でもない。ギータなど役に立たない。ギータから何を学ぼうとも、それは借り物だ。真理は借りるものではない。伝統など役に立たない。真理は、あくまでも個々人で達成するものだ。自分自身で到達するものであって、人から伝授されるものではない。どんな導師も、それを与えることはできない。それは所有物のようなものではない。伝授可能ではないし、教えられるものでもない。それは知識ではないからだ。導師によって教えられるものは、言葉や、概念や、教条だけだ。決して導師によってあなたが目覚めるわけではない。それは何の助けもなく、あなたに起こるべきものだ。もし何かの助けを通じて起こったならば、それは従属的なものであって、あなたを究極的な自由へ、モクシャへ導くことはない。

無技法の技法とは、こうしたものだ。このような批判、否定、論議によって、支えは破壊される。するとあなたはひとりで残される。導師もいなければ、教典も、伝統も、教会もなく、行くところも、頼るものもない。あなたは空虚の中に残される。そして実際、この空虚を思い描くことができたら、そして、その中にとどまる覚悟ができたら、あなたは変容する。

しかしマインドは狡賢い。もしクリシュナムルティが「支えも、依存も、導師も、教典も、技法もない」と言えば、あなたはクリシュナムルティにしがみついてしまう。しがみついて離れなくなる。こうしてマインドは再び支えを生み出し、すっかり核心を逃してしまう。

たくさんの人々が私のところへやってきて言う、「心に苦悩が絶えません。どうしたら内側で平安に到達できるでしょう。どうしたら静寂に到達できるでしょう」。そこで私が何か技法を与えると、彼らは言う、「でも技法は役に立ちません。クリシュナムルティがいつもそう言っています」。そこで私は言う、「ではなぜ私のところへやってきた。あなたは『どうしたら静寂に到達できるでしょう』と言うが、それはいったいどういう意味か。あなたは技法を求めている。にもかかわらず、クリシュナムルティの話を聴きに行く。もし導師がいらないのなら、また、もし真理が教えられないものなら、なぜ彼の話を聴きに行く。彼もまた、何も教えられないはずではないのか。でもあなたは相変わらず彼の話を聴き、教えを受ける。そしてその無技法に頼るようになっている。誰かがあなたに技法を与えると、『技法は無用です』と言う。にもかかわらず、あなたは静かではない。いったいどういうことか。どこで汽車に乗り遅れたのか。もし本当に何の技法も必要ないなら、あなたは到達しているはずだ。ところがあなたはまだ到達していない」

根本的な点が見逃されている。その根本的な点とは、この無技法の技法のためには、いっさいの支えを破壊する必要があるということ、何物にも依存してはいけないということだ。これは、じつに骨折りだ。ほとんど不可能だ。だからこそ、この四十年間、じつに多くの人々がクリシュナムルティに耳を傾けながら、実際には何も起こっていないのだ。

これは非常に骨折りで、困難だ。支えなしで、まったくひとりで、マインドに支えを作らせないというのは、ほとんど不可能だ。なぜならマインドは、とても狡賢いからだ。マインドは繰り返し繰り返し微妙な支えを作り出す。たとえギータを投げ捨てようとも、それで生まれた空間を、今度はクリシュナムルティの本が占める。そしてモハメッドや、マハヴィーラを笑うかもしれないが、もし誰かがクリシュナムルティを笑ったら、怒り出す。つまり、間接的に再び支えを作り、それに頼っている。

頼らないことこそ、この技法の秘密だ。もしそれができればそれでいい。もしできなければ、自分を欺いたりしてはいけない。そのときには、技法があるのだから、それを使うことだ。そのときには、よく承知しておくことだ――「自分ひとりではできない。だから他人の助けを借りよう」と。助けもまた役に立つ。助けてもらっても、変容は可能だ。

両者は反対だ。否と諾は反対だ。どちらから進んでもいいが、まず、自分自身のマインドや、その働き方をよく見極めておくことだ。もしひとりでも大丈夫だと思ったら……

いつかこんなことがあった。私がある村に滞在していたときのことだ。男がひとりやってきて、私に尋ねた、「じつは困っているんです」。男は言った、「両親が私を結婚させようとするんです」。彼は若い男で、大学を出たてだった。「でも僕は、そういうことには、いっさい関わりたくないんです。僕の望みは、探求者になること、すべてを放棄することです。どうしたらいいでしょう」。

そこで私は言った、「結婚しなさい」。彼は言った、「何ですって。ご自分は結婚していないのに」。私は言った、「でも私は誰にも尋ねなかった。それが違いだ。君は意見を求めてやってきた。私は誰の意見も求めなかった。人の意見を求めるということは、支えが必要だということだ。あなたには妻なしで生きるのは難しい。妻もまた支えだ」

妻なしで生きられない人間、夫なしで生きられない人間、導師なしで生きられるだろうか。それは不可能だ。そういう人間のマインドは、あらゆるところで支えを必要とする。そもそも、なぜクリシュナムルティのもとへ行くのか。それは、学ぶためであり、教えを受けるためであり、知識を借りるためだ。そうでなければ行く必要がない。

かつて、よく友人たちが私のもとへやってきて、こんなふうに言ったものだ、「クリシュナムルティとお会いになったらどうですか」。そこで私は言う、「それならクリシュナムルティに聞いておいで。もし彼が会いたいと言うなら、出かけていこう。でもそれでどうなる。何をしろというのか。何を話せというのか。べつに語ることもない。何の必要がある」。しかし彼らは言う、「でもおふたりがお会いになったら、さぞかし……。ぜひ聴いてみたいんです、いったい何とおっしゃるか」

そこで私は、ある話を語って聞かせる。

昔、イスラム教の神秘家ファリドが、神秘家カビールの村の近くを通りかかった。そこでファリドの弟子たちは言った、「お会いになったらどうですか」。また、カビールの弟子たちも、そのことを知ると同じく言い張った、「ファリドがやってきます。ぜひ招待しましょう」。そこでカビールは言った、「わかった」。ファリドも言った、「わかった。行こう。でも私がカビールの庵に入ったら、何も言ってはいけない。黙っているんだ」

二日間、ファリドはカビールの庵で過ごした。それはまったくの沈黙だった。ふたりは二日間、黙して座っていた。そののちカビールは、村の境まで出てファリドを見送った。そして、ふたりは黙したまま別れた。ふたりが別れると、両方の弟子たちはすぐに尋ねた。カビールの弟子たちは師に尋ねた、「いったいどういうことですか。まったく退屈でした。ふたりとも黙ったまま二日間、一言も交わさないんですから。私たちは、ふたりのお話が聞きたくて仕方がなかったのに」。またファリドの弟子たちも言った、「どういうことですか。なんだかおかしい。二日間もずっと。私たちは辛抱して見守り、待ち続けていたんです——きっとこの出会いから何かが起こるだろうと。でも結局、何も起こりませんでした」

ファリドはこう言ったそうだ、「何を言っている。知った人間同士は、語ることがない。知らない人間同士ならいくらでも語れるが、それは無意味だ。有害でさえある。唯一可能なのは、知った人間が知らない人間に語りかけるということだ」。そしてカビールは言った、「一言でも発したら、つまりそれは、彼が知らないということだ」

人は絶えず指導を求める。人は絶えず支えを求める。よく心得ておくことだ――もし支えなしにいられなかったら、それを認識しつつ、支えや指導を求めることだ。また、「そんなものは必要ない、自分自身で充分だ」と思えたら、クリシュナムルティなどの人間を求めず、ひとりきりでいることだ。

今までも、ひとりきりでいた人間に「それ」が起こったことはあった。ただ、そういう現象はごく稀だ。ときどき、何百万人にひとり、それは起こる。しかしそれも、原因がないわけではない。おそらくその人間は、何生にもわたって探求してきたのだ……いろいろな支え、何人もの導師、いろいろな指導を求めた末に、やっとひとりでいられる地点に到達したのだ。そうして初めて、「それ」は起こる。そして、それが起こると……つまり、誰かがひとりで〈究極〉に到達すると、その人間はつねに、「それはあなたにも起こる」と言う。たしかにそれは、彼にとっては自然なことだ。

クリシュナムルティの場合も、「それ」はひとりで起こった。そこで彼は「あなたにもそれは起こる」と言い続けている。しかし、あなたには決してそれは起こらない。あなたは支えを探しているが、それは「ひとりではできない」という証拠だ。だから自分自身に欺かれてはいけない。「自分はどんな支えもいらない」と言えば、きっとエゴは気分がいいだろう。エゴはつねに「私ひとりで充分だ」と考える。でもそんなエゴは役に立たない。それは、およそこの世に存在する最大の障害だ。

無技法もひとつの技法だが、その対象となる人間はごく限られている。何生も苦闘した末、やっとひとりになれる地点に到達した人間にだけ、その技法は役立つ。もしあなたがその種の人間だったら、よもやここには居ないだろう。だから私は、そういう人間については心配していない。そういう人間はここに居ない。居るはずがない。ここばかりではない。そもそも、どこかの導師のもとで、話を聴いたり、探求したり、修行しているはずがない。だからそういう人間は、放っておいていい。ここで論議する必要はない。

こうした技法はあなた向けのものだ。だから私はこう結論する。クリシュナムルティは、そこに居るはずのない人間に向かって語っている、そして私は、ここにいる人間のために語っている。クリシュナムルティの語っていることはまったく正しいが、その語っている相手にはまったく不相応だ。ひとりでいられるような人間……瞑想法や、支えや、教典や、導師なしで到達できるような人間は、クリシュナムルティの話を聴きに行ったりしない。その必要がない。その意味がない。

そして彼の話を聴きに行く人間は、それにふさわしい人間ではないから、きっと大きな困難に陥っているはずだ。実際、陥っている。本当は支えを必要としているにもかかわらず、そのマインドは絶えず「支えはいらない」と考えている。導師を必要としているにもかかわらず、そのマインドは絶えず「導師は障害だ」と考えている。技法を必要としているにもかかわらず、「技法は無効だ」と論理的に結論している。そして彼らは困り果てている。でも、それは自分自身のせいだ。

何かを始める前に、まず必要なのは、自分がどんな種類のマインドを持っているかを見極めることだ。究極的に意味を持つのは、導師ではなく、自分のマインドだ。究極的な決定は、自分のマインドを通じて現れる。宿命が成就されるのは、自分のマインドを通じてだ。だから、エゴの介入を排し、自分のマインドをよく理解することだ。はたして自分が支えを必要とするのか、はたして自分が指導を必要とし、実践のための技法や瞑想法を必要とするのか、よく見極める。もし必要でなければ、事は簡単だ。ひとりになればいい。頼ることなくひとりで進む。どちらの道を進もうとも、起こることは同じだ。

諾と否は対極だ。どちらが自分の道か、よく見極めることだ。

◎…………第四の質問

お話によると、シヴァは体系構築者ではないので、その教えをめぐって分派は発生しないとのことですが、ブッダや、マハヴィーラや、イエスや、グルジェフといった人々は、偉大な体系構築者のように思われます。なぜこうした人々は、体系構築者である必要があったのでしょう。体系構築の功罪をご説明ください。また、あなたは多極的体系構築者と言えるでしょうか。

ふたつの可能性がある。ひとつは、体系なり多極的体系なりを構築して、人々に貢献することだ。もうひとつは、体系を破壊して、人々に貢献することだ。これもまた諾と否だ。これもまた対極だ。どちらの仕方でも人々への貢献となる。

達磨は体系破壊者だ。クリシュナムルティも体系破壊者だ。禅の伝統は、すべて体系破壊的だ。一方、マハヴィーラやモハメッドやイエスやグルジェフは、偉大な体系構築者だ。問題はいつも同じだ。私たちには、対立しているものが同時には理解できない。私たちの目には、どちらかひとつが正しいのであって、両方とも正しいということはない。もし体系構築者が正しいとしたら、体系破壊者は間違っている。あるいは、体系破壊者が正しいとしたら、体系構築者は間違っている——。でも実際は、どちらも正しい。

体系とは、従うべき様式であり、明確な地図だ。それがあれば、どんな疑問にも、躊躇なく絶対の信をもって従える。そもそも体系は、信を創り出すためにある。すべてが明確であれば、信もたやすく生じるようになる。あらゆる疑問に対し数学的に回答が与えられれば、疑念もなくなり、前進できるようになる。だから、たとえばマハヴィーラは、人々の不条理な質問にも答える。不毛な質問、無意味な質問にも、回答を与える。そして彼の答え方は、人々に信を与えるような答え方だ。なぜなら信という質が必要だからだ。

未知の中を通り抜けようとするには、深い信が必要だ。さもないと進めない。あまりに危険なため、尻込みしてしまう。そこは暗いし、道もはっきりしていない。すべては混沌としており、一歩進むごとにますます危うくなっていく。だから体系を構築する必要がでてくる。そうすれば、すべては一目瞭然だ。天国や、地獄や、究極のモクシャや、自分の出発点や、通過点など、すべてがわかる。細部にわたって記されている。そうすると安心できる。すべては大丈夫だと思える。

「もう人々が旅した道だ。べつに未踏の地を行くわけではない……未知の中に入っていくわけではない」。体系があると、それがまるで既知のものであるかに見える。それはあなたを助けるためのものだ――支えを与えるためのものだ。信を持てば、進むためのエネルギーが生まれる。疑っていたら、エネルギーを浪費し、進むことは難しい。

今まで体系構築者たちは、努めてあらゆる質問に答え、明快ではっきりした地図を創り上げてきた。その地図が手許にあれば、「すべては大丈夫だ、自分は進める」という気がする。でも本当のところ、あらゆる体系は人為的なものだ。あらゆる体系は、あなたを助けるためのものであり、真実ではない。体系は決して真実ではなく、方便だ。それが役立つのは、あなたの人間性全体が非真実であるせいだ。だから非真実な方便でも役に立つのだ。あなたは嘘の中に生きており、真実が理解できない。体系とは「小さな嘘」であって、嘘を小さくしていくことによって、あなたは徐々に真実へ近づいていく。真実が開示されると、体系は無意味なものとなり、ただ落ちるばかりだ。

伝えによると、ある人間がブッダに尋ねた。その人間もまた悟りを開いていた。その名をシャーリプトラという。彼もまた究極のゴールに到達していた。その地点から顧みると、体系全体が消え去っている。今まで教えられたものが、何もそこにない。彼はブッダに尋ねた、「教えてもらった体系が、すべて消え去っていきます」。ブッダは言った、「黙っておいで。誰にも言ってはだめだ。それは消え去った。また、そうあってしかるべきだ。もとからそれはなかった。それは作りごとだった。でもそのおかげで、あなたはここまで到達できた。ただし、まだ到達していない者にしゃべってはだめだ。もし、『自分の進む先についての知識は何もない』ということになったら、人はそこで止まってしまう。無防備だったら、ひとりだったら、未知の中に入っていけない」

これはたびたび起こる。私自身の体験もそうだ。人々がやってきて言う、「瞑想がだんだん深まってきましたが、何だか恐ろしい気がします」。それは死んでしまうような恐怖、死が近づいてくるような感覚だ。瞑想がその頂点に達するとき、それは死に似ている。そこで私は言う、「心配しなくていい。私があなたと一緒に居る」。それで彼は安心する。

ところが実際、私が彼と一緒に居るのは不可能だ。誰も一緒に居られない。一緒に居るというのは本当ではない。あなたはひとりだ。その地点では、あなたはどこまでもひとりだ。しかし、「私はそこに居る。だから心配しなくていい。先に進みなさい」と言えば、彼は安心して先に進む。もし私が「あなたはそこでひとりだ、誰もそこには居ない」と言ったら、きっと後戻りしてしまうだろう。その地点では、必ず恐怖が現れる。そこには深淵があって、彼はその中に落ちていく。私はその落下の手助けをする。そして言う、「私はそこに居る。だから一跳びしなさい」と。そして彼は一跳びする。一跳びすればわかるが、そこに誰も居はしない。しかし、もうすべては終わっている。もう戻ってくることはない。これは方便だ。

あらゆる体系は、手助けするための方便だ——疑いに満ちた人間、信のない人間を手助けするためにある。未知の中に入る際の恐怖を取り除くために、体系は生み出される。そうした体系は、すべて神話のようなものだ。だからこそ体系の数は非常に多い。マハヴィーラは自分自身の体系をつくる。自分の信徒の必要に添ったものをつくる。それはひとつの神話だ。でも非常に役に立つ。たくさんの人々がそれによって進み、真実へと到達する。そして到達すれば、その体系が偽りだったとわかる。でもそれは役に立った。

ブッダの定義によれば、真理とは「役立つもの」だ。真理の定義、それは「役立つもの」だ。役立つ嘘があったら、それは真理だ。また役立たない真理があったら、それは虚偽だ。

体系の数は多い。そのどれもが役に立つ。ただし、どの体系も万人に役立つというわけではない。だからこそ、古い諸宗教は改宗を否定するのだ。たとえば、ある体系を一定期間押しつければ、あなたは変わるかもしれない——でも奥深くでは、あなたは決して変わらない。そしてその新しい体系は、決して役立つものにはならない。ヒンドゥー教徒がキリスト教徒になったり、キリスト教徒がヒンドゥー教徒になったりしたところで、七歳を過ぎたらマインドはほとんど固まってしまう。条件づけられる。だから、たとえヒンドゥー教徒がキリスト教徒になったとしても、奥深くで彼は依然ヒンドゥー教徒のままだ。彼には、キリスト教的な体系は役立たない。ヒンドゥー教的な体系なら役立ったろうが、もはやそれとの関係は断絶されている。

ヒンドゥー教やユダヤ教は、昔からつねに改宗に反対してきた。改宗に反対するばかりでなく、もし誰かが自主的にヒンドゥー教なりユダヤ教なりに入ろうとしても、入れてはくれない。「それはだめだ、自分自身の道に従いなさい」と言う。なぜなら体系とは、大いなる無意識的な現象だからだ。無意識の中深く入り込んで初めて、体系は役に立つ。そうでないと役に立たない。それは人工的なものだ。ちょうど言語のようなものだ。どんな言語でも、母国語のようにはしゃべれない。それは不可能だ。どうしようもない。たとえほかの言語にどれほど熟達しようとも、それは表面上のものだ。奥深くでは、つねに母国語が影響を与えている。夢の中身は母国語だろうし、無意識も母国語とともに機能する。その上に何かを乗せることはできても、取って替えることはできない。

宗教体系は言語のようなものだ。まさに言語だ。深くまでいくと役に立つ――自信を与えてくれる。その体系自体よりも、自信がものをいう。信頼とともに、確かな足取りで前進できる。そして自分の進んでいるところがわかる。このことが役に立つ。

また一方で、体系破壊者が存在する。これもまた役に立つ。それはちょうどリズミカルな輪のようだ。昼と夜のようなものだ。昼が来ては、夜が来る。それが役立つのも、ときには体系の数が多すぎて、その中で混乱する人が出てくるからだ。それで地図を持って進むより……。地図が何枚もあって重たくなり、持ち運べなくなる。こういうことはいつでも起こる。

たとえば、たいへん長い伝統は、それ自身、有効なものだ。長いから信用できる。しかしまた、長いから重たくもなる。ひどく鈍重だ。そのせいで前に進む助けになるというより、進む妨げになる。だから重荷を降ろす必要がある。そこで体系破壊者がいて、あなたのマインドから体系を破壊し去り、重荷を除き、前進の手助けをしてくれる。

どちらも役に立つ。それは場合による。時代によって違うし、適用する相手によっても違う。たとえば現代、体系はどれもひどく重く、また混乱している。まったく本質を失っている。それにはいくつも理由がある。ひとつは、今まで決してなかったことだが……。以前は、どの体系もそれ自身の世界に生きていた。ジャイナ教徒は、ジャイナ教徒として生まれ、ジャイナ教徒として生き、ジャイナ教徒として死んだ。決してヒンドゥー教の教典を学ぶことはなかった。それは禁止されていた。モスクとか教会に行くことはなかった。それは罪だった。自分の体系の壁の内側に生きて、外のものが心に往来することはなかった。だから混乱することもない。

ところが今、それがすっかり破壊されている。誰もが外のことをすべて知っている。ヒンドゥー教徒がコーランを読み、イスラム教徒がギータを読み、キリスト教徒が東洋に向かい、東洋が西洋に向かう。すべてが混乱している。かつては体系から信頼が生まれたが、それはもはやない。ごちゃごちゃになって、あらゆるものが心に往来する。イエスひとりだけではない。クリシュナも往来すれば、モハメッドも往来する。それらが自分の内部で対立する。もはや何も確かでない。

聖書はこう言い、ギータはその正反対を言う。モハメッドはこう言い、マハヴィーラはその正反対を言う。互いに矛盾している。かくして、現代人はどこにも所属せず、ただ混乱して立ちつくすばかりだ。どの道も自分のものではない。そうした状況では、体系破壊は有効だ。だから西洋ではクリシュナムルティの人気が高い。東洋での人気はそれほどでもない。東洋はまだ、西洋ほど混乱していないからだ。東洋ではまだ、余所《よそ》についての教育がそれほどなされていない。ところが西洋は、必死になって余所のことを知ろうとしている。西洋人は知りすぎている。もはやどんな体系も真ではない。すべて作り事だとわかっている。いったんそれを知ってしまったら、もはやそれは働かなくなる。

クリシュナムルティに人気があるのは、「一切の体系を去れ」と言うからだ。もし一切の体系を去ることができたら、混乱もなくなる。しかし、それは人による。逆になるかもしれない。ほとんどの場合がそうだ。一切の体系はそのままで、そこに「一切の体系を破壊せよ」という新たな体系が入ってくる。つまり、病気がひとつ付け加わるというわけだ。

相変わらずイエスは語り、クリシュナは語り、マハヴィーラは語り、そこにクリシュナムルティも入ってくる。そしてマインドはバベルの塔になる。舌があまりにたくさんあって、いったい何が起こっているのかわからない。頭がおかしくなる。

ひとつの体系を信じることができたら、それはそれでいい。また、どんな体系も信じることができなかったら、すべてを捨てることだ。そして、きれいさっぱり、身軽になればいい。その中間にとどまってはいけない。ところが、どうも人々はみな、その真ん中にいるようだ。ときに右に向かい、ときに左に向かい、再び右に、そして左にといった具合に、時計の振子のように動き続ける。あっちへ行ったり、こっちへ行ったり……。こういう動き方をしていて、自分では前進しているつもりかもしれない。しかしそれは前進ではない。その一歩はいつも、今までの歩みを打ち消している。つまり、初め右へ行って、それから左へ行くという具合に、絶えず自分自身に逆行している。そしてついには混乱し、迷ってしまう。混沌状態になる。

だからすっかり身軽になるのも役に立つ。さっぱりして、無垢になり、子供のようになれば、飛び立つことができる。あるいは、そのように身軽になるのが危険に思えたら……そんな身軽さは虚無や空虚につながるから恐いと思ったら……そんな身軽さが危険に思われ、恐ろしかったら、そのときは体系をひとつ選べばいい。

ところが、周囲にはこんなふうに言う人々が大勢いる、「すべては同じだ。コーランも、聖書も、ギータも、言っていることはみな同じだ」と。そのように言う人々によって、大きな混乱が引き起こされている。それぞれの言うことは同じではない。みなそれぞれに体系だ。はっきりした体系で、それぞれに違っている。違っているばかりでなく、ときには矛盾し、対立している。

たとえば、マハヴィーラによれば、非暴力こそが鍵だ。もし暴力的であったら、わずかでも暴力的であったら、究極の真理の扉は閉じられる。しかし、これはひとつの技法だ。完全に非暴力になるためには、心身ともにすっかりきれいにする必要がある。すっかり浄化されて初めて、非暴力的になれる。非暴力へ向かう過程で、あなたはすっかり浄化される。この過程がそのまま終点となる。

一方、クリシュナの教えはその正反対だ。彼はアルジュナに言った、「殺すことを恐れるな。魂は殺されることがない。体は殺せても、魂は殺せない。だから恐れることはない。それに、体はすでに死んでいるものだ。だからすでに死んでいるものが死に、生きているものが生きるだけだ。べつに気にする必要はない。これはただのゲームだ」

それもまた正しい。もし「魂は破壊されない」という点をさとったら、生全体はひとつのゲーム、虚構、芝居になる。もし生全体が芝居となったら、殺人や自殺でさえ、あなたにとっては芝居になる。たんに思想上ではなく、「すべてはただの夢だ」という事実をあなたはさとる。死に対してでも観照者としてとどまる。すると、その観照が超越となる。それによって世界は超越される。世界全体はひとつの夢となる。そこには、良いものもなければ、悪いものもない。ただの夢だ。それについて悩む必要はない。

このふたつはまったく異なっている。たとえ究極的には同じところへ通じているにしても、混同してはいけない。混同したら苦悩するばかりだ。体系構築者も、体系破壊者も、ともに人々の助けになろうとしている。にもかかわらず、どうやら、どれも助けになっていないようだ。それは人々があまりに頑固で狡猾なせいだ。いつもどこかに逃げ道を見つける。

ブッダやクリシュナやイエス——どの世紀にも、こうした人々は何かを教えてきた。人々はそれに耳を傾けてはいるが、じつに賢い。聴いていながら、聴いていない。いつもどこかに穴を見つけ、そこから逃げだす。たとえば、現代においてはこんな具合だ。どこかに体系があると、たとえばグルジェフが何かを教えていると、人々は彼のもとへ行ってこう言う、「クリシュナムルティが言うには、体系はいらないそうです」。その同じ人々が、クリシュナムルティのもとへ行って

――クリシュナムルティは無体系を教えている――こう言う、「でもグルジェフによれば、体系なしには何も起きないそうです」。グルジェフのところにいるときには、クリシュナムルティを逃げ道として使い、クリシュナムルティのところにいるときにはグルジェフを使ってごまかす。そうした欺瞞は、ほかでもなく、自分自身を害なうばかりだ。

グルジェフも役に立つし、クリシュナムルティも役に立つ。ただし、あなたの意志に反してまで、役立つわけではない。だから本人の見極めが大事だ。まず第一は、自分が助けを必要とするかどうか。第二は、自分が恐怖なしに未知の中へ入っていけるかどうか。第三に、瞑想法とか技法とか体系なしに、果たして自分は一歩でも進めるか。この三点を自分で見極める。自分のマインドを分析し、開き、見つめ、そしてマインドの種類を見極める。もし自分ひとりでは無理だとわかったら、そのときには、体系や、導師や、教典や、技法が必要となる。また、もし自分ひとりでできると思ったら、もうほかには何もいらない。自分こそが導師であり、教典であり、技法だ。

ただし正直になることだ。もし見極めが不可能だと思ったら――見極めは容易ではない――もし混乱するようだったら、そのときはまず、導師・技法・体系から始めてみる。そして懸命にやることだ。極限までやれば、起こるべきことは起こる。もし何も起こらないようだったら、そのときは見極めがつく、「自分にはすべてがある。だからひとりになろう」と。それもまたいいことだ。

だから私の勧めは、まず、導師・技法・体系から始めることだ。どちらにしてもそのほうがいい。それを通じて到達できたら、それはいい。もし到達できなかったら、役に立たないということだから、捨てればいい。そしてひとりで進むことだ。そうしたら、クリシュナムルティに「導師は必要ない」と言われるまでもない。もう自分でわかっている。また、禅に「教典など、捨てて、焼いてしまえ」と教えられるまでもない。もう自分で焼いてしまっている。

だから、導師や体系や技法とともに歩むのはいいことだ。ただし誠実である必要がある。「誠実」という意味は、導師とともに歩むなら、自分にできることはすべてやるということだ。そうすれば、起こるべきことは起こる。もし何も起こらなかったら、そのときにはこう結論していい、「これは自分の道ではない」と。そしてひとりで進むことだ。

第五章

各々の存在となる

[経文]

—106—

各人の意識を自分自身の意識として感じる。
そして、自己への関心を排除し、各々の存在となる。

—107—

この意識は各々の存在者として存在する。
ほかには何も存在しない。

—108—

この意識は各々の導きの魂だ。それになる。

〈存在〉は、そもそもひとつだ。ところが人間には意識があるため、問題が生じる。意識のせいで、「自分は分離している」という感覚が起こる。「自分は存在から分離している」と感じることで、あらゆる問題が生じてくる。根本的にそれは偽りだ。そして、その虚偽の上に構築されたものはすべて、苦悩や、問題や、混乱の元となる。このような虚偽の分離が根底にあったら、何をやってもうまくいかない。

だから人間の苦悩の問題については、その根本のところで取り組む必要がある。なぜそれが生ずるのか。意識のせいで、「自分の存在の中心は自分だ」という感覚が起こる。また意識のせいで、「他者は他者だ、自分と他者は別々だ」という感覚が起こる。この別々という感覚は、意識に由来する。眠っているときには別々でない——あなたは再び宇宙と溶け合う。だからこそ、眠ると大きな至福が生まれるのだ。朝になれば爽快になり、若返ったように感じる。再び生き生きとし、新鮮になる。

深く眠っているとき、いったい何が起こるのか。あなたは自分のエゴを失う。自分自身を失う。そして宇宙との一体性の中へ戻っていく。それで爽やかになり、生き生きとする。朝になると至福を感じる。苦悩はすっかり消え去る。葛藤や憂いはすっかり消え去る。恐怖や死はすっかり消え去る。死は、あなたが分離しているからこそ存在する。分離していなければ、死は存在しない。分離していなければ、いったい誰が死ぬというのか。分離していなければ、いったい誰が苦しむというのか。
　だから、タントラやヨガといった瞑想技法のすべては、「その分離は偽りだ、不分離こそ真だ」ということを人々に気づかせるためにある。もしそれに気づいたら、あなたはすっかり変わる。なぜなら「中心」があなたから消え去るからだ。そしてその「中心」は、宇宙の中にふさわしい場所を得る。あなたはその広大な海のひとつの波となる。もはや分離していないから、恐れることもない。不安に思うこともない。「死や滅亡がやってくる」という苦悩を感じることもない。そうしたすべては、エゴとともに消え去る。

　インドでは昔から、「サマーディは意識的な眠りだ」と考えられてきた。眠っているとき、自動的にあなたはいなくなる。〈存在〉は在るが、あなたはいなくなる。あなたはまったく無意識になるので、何が起こっているかわからない。この同じ現象が意識的に起こったら、あなたは悟りを開く。ブッダもまた、その同じ源泉に入っていく。その同じ源泉に、あなたは夜毎、深い眠りの中で入っていく。ブッダはその源泉へ、意識的に、覚醒して、入っていく。そして自分がどこへ向かうか知っている。何が起こっているか知っている。その深い源泉から戻ってくるとき、彼はすっかり変わっている。もはや古いものは消え失せ、新しい存在、新しいエネルギーがそこから現れる。この新しい存在の中心は宇宙だ。中心が移ることで、あらゆる悩み、あらゆる苦しみ、あらゆる地獄は消え失せる。ただ消え去る。解決されるのではない。ただなくなる。そうしたものは、エゴなしには存在できない。

では、どうやって意識的に深く眠るか。どうやって意識的に眠りの中に入るか。エゴを失いながら、どうやって覚醒しているか。エゴはひとつの副産物だ。あなたの成長の副産物だ。生の自然な歩みの副産物だ。それは必然だ。ほかに道はない。エゴを伴わない進化はない。でもある時点で、エゴは落とせるようになる。そうしたらエゴを落とし、超越することだ。

エゴとは、ちょうど卵の殻のようなものだ。それは保護層として必要だ。ちょうど種子の殻のように、保護層として必要だ。でもその保護は、危険なものともなる。その保護が過剰となり、いつまでも種子の発芽を許さないようであれば、それは妨げとなる。種子は、土の中に溶け去るものだ。そうすれば内側の生が現れる。種子とは死ぬものだ。

人はみな種子として生まれる。エゴは外皮だ。子供を守っている。もし子供がエゴなしに生まれたら……「自分は存在する」という感覚なしで生まれたら、生き残れない。自分を守ることも、戦うこともできないし、存在するに必要なことが何もできない。だからまず強力な中心が必要だ。たとえそれが偽りであろうとも必要だ。でもある地点に至ったら、この補助は妨げとなる。それはあなたを外側から守っていたが、強くなりすぎると邪魔になる。内なる存在の邪魔になって、あなたはもはや、広がったり、それを超えたり、発芽したりできなくなる。エゴは必要だが、いつかは超越しないといけない。

エゴを持って死んだら、それは種子のまま死んだということだ。自らに可能であった宿命を成就することなく、意識的に〈存在〉を成就することなく、死んだということだ。これらの技法は、いかに種子を破るかという技法だ。

106 各々の存在となる

第一の技法。

各人の意識を自分自身の意識として感じる。
そして、自己への関心を排除し、各々《おのおの》の存在となる。

各人の意識を自分自身の意識として感じる。真実から言えば、そのとおりだ。でもそのようには感じられない。自分の意識は自分のものとして感じられ、他者の意識はまったく感じられない。

せいぜい、他人にも意識があるだろうと推測するくらいだ。そう推測するのも、「自分には意識がある」と考えているからだ。「他人は自分に類似している。だから、意識があるに違いない」と考える。これは論理的な推測であって、べつにあなたが他人の意識を感じたわけではない。ちょうど頭痛のようなものだ。自分が頭痛を感じる。頭痛の意識を持つ。そして誰かが「頭が痛い」と言う。そこで推測する。他人の頭痛は感じられないから、ただ推測するのみだ。「彼の言うとおりに違いない――きっと私に似たことがあるんだ」。でもそれは感じられない。

それが感じられるのは、他人の意識を意識できるようになったときだ。そうでないと、それはただの論理的推測だ。つまり、他人の言っていることをそのまま信じる。自分もまた、それと似た体験を持っているから、他人の言うことを信じる。

ある哲学の一派はこう言う。他人については何事も知ることができない。他人を知るのは不可能だ。推測するのがせいぜいだ。確かなことは何もわからない。他人もまた自分と同じような痛みや、自分と同じような悩みを持っているなんて、どうしてわかるだろう。

他人はそこにいるのに、私たちはその中を見ることができない。ただ表面に触れるのみだ。その内なる存在は未知のままだ。私たちは自分の中に閉じ込められたままだ。

私たちの周囲の世界は、決して「ハートによって感じられた世界」ではない。「論理的、合理的に推測された世界」だ。頭は世界について語るが、ハートは置き去りにされている。そのせいで、他人に対する私たちのふるまい方は、まるで相手が物であって、人ではないかのようだ。人々に対する私たちの関係は、物に対する関係のようだ。夫は妻に対し、相手が物であるかのようにふるまう――相手を所有する。また妻も夫を所有する。ちょうど物のように。

相手を人間として扱えば、所有ということは起こらない。所有できるのは物だけだ。

人間とは自由を意味する。人間は所有できない。人を所有しようとすることは、その人間を殺すことだ。その人間は物となる。他人に対する私たちの関係は、決して「我と汝」の関係ではない。奥深くでは、まさに「我とそれ」の関係だ。他人はたんなる物だ――あやつり、利用し、搾取するための物だ。だからこそ、愛がだんだん不可能になっていくのだ。愛とは、他人を人間として、意識的存在として、自由として、自分と同じほど尊いものとして受け取ることだ。

物に対してふるまうときには、自分が中心で、物はただ使われるのみだ。その関係は功利的だ。物それ自体には価値がない。その価値は利用できることにある。物は使用者のために存在する。しかし人間は、その人間自身のために存在する。人と家との関係は功利的なものだ。家はあなたのために存在する。車もあなたのために存在する。でも、妻はあなたのために存在するのではない。夫はあなたのために存在するのではない。夫は夫自身のために存在し、妻は妻自身のために存在する。それこそが人間というものだ。

だから相手のことを人間であると認め、物におとしめることがなかったら、だんだんその人間を感じることができるようになる。そうでないと感じることはできない――その関係はいつまでたっても、観念的なもの、マインドとマインドのもの、頭と頭のものだ。ハートとハートのものではない。

スートラいわく、

各人の意識を自分自身の意識として感じる。

これは難しいだろう。まず必要なのは、人間を人間として、意識的存在として、感じることだ。それでさえも難しい。

イエスは言う、「自分自身を愛するように自分の隣人を愛せよ」と。同じことだ。まず必要なのは、自分にとって相手が人間になるということだ――相手が自分自身の権利において存在することだ。搾取されたり、操られたり、利用されたり、手段とされることなく、その人自身が目的となることだ。まず相手が人間となる。相手が「汝」となる。自分と同じくらい尊いものとなる。そうして初めて、この技法が適用できる。

各人の意識を自分自身の意識として感じる。

まず、「相手にも意識がある」と感じる。すると、相手も自分と同じ意識を持っているとわかる……実際、その「相手」は消え失せ、意識だけが自分と相手の間を流れる。ふたりは、流れる意識の二極となる。ひとつの流れの二極となる。

深い愛の中では、ふたりの人間はふたりでなくなる。ふたりの間に何かが出現して、ふたりはその二極になる。何かがふたりの間を流れている。この流れが存在するとき、あなたは至福を感じる。愛がもたらす至福も、じつはこのせいだ。ふたりの人間が、しばしエゴを失う……「他人性」は失われ、「一如《ひとつであること》」が出現する。一瞬でもそれが起こると、それはエクスタシーをもたらす。至福が現れる。あなたは楽園に入る……しばしの間であろうとも。そしてこの瞬間は変容をもたらす。

この技法いわく、相手が誰であろうと、これは可能だ。たとえば愛の中だったら、また特定の人間が相手だったら、実行するのもやさしい。しかし瞑想の場合には、相手が誰であるか問わない。誰が近寄って来ようとも、その人間と溶け合い、「自分たちはふたりではなく、ひとつの生が流れているのだ」と感じる。これはまさに構造の変換だ。いったんそれを知ったら、いったんそれを実行したら、それはじつに容易になる。最初それは難しく思える。自分がエゴの中に凝り固まっているからだ。流れになるのは難しい。失うのは難しい。だからまず最初は、気安く感じられるものを相手にするといい。

木のそばに座り、感じてみる――木と自分がひとつになり、その間に流れがある……コミュニケーションが、対話が、溶け合いがある。すると、きっとその木に対する恐怖は減り、心安さが増すだろう。あるいは、流れる川のそばに座って、その流れを感じる。自分と川がひとつになったと感じる。あるいは、大空の下に寝ころんで、自分と空がひとつになったと感じる。最初のうちはただの想像だろうが、だんだん想像力を通じて真実と接触できるようになる。

そうしたら、人間を相手に試してみる。始めのうち、人間を相手にするのは難しい。恐怖があるからだ。あなたは今まで、他人を物におとしめてきた。だから恐れるのだ。もし誰かをすぐそばまで近づけたら、相手は自分を物におとしめるだろう。そうした恐怖がある。だから誰ひとり、他人をすぐそばまでは近づけない。つねに一定の距離を保っている。「近すぎるのは危険だ。相手は私を物に変えてしまうだろう。私のことを所有しようとするだろう」――そうした恐怖がある。あなたは他人を物に変えようとしているし、他人もあなたを物に変えようとしている。でも誰も物にはなりたくない、手段にはなりたくない、利用されたくない。これこそ最大の凌辱だ――人を何かのための手段にする、その人間自身の価値を見ない。ところが誰もがそうしている。そのせいで、深い恐怖が存在する。だから、始めから人間を相手にこの技法を実行するのは難しい。

始めは、川や、丘や、星々や、空や、木々でやってみるといい。いったんその感覚がわかったら……木とひとつになったら何が起こるか、川とひとつになったら何が起こるか、いかに自分が至福に満ちるかがわかったら……「何も失うことなく、〈存在〉全体が自分のものとなる」というその感覚がわかったら、人間を相手にしてみるといい。木や川を相手にこれほど大きな至福が現れるなら、人間を相手にしたら、どれほど大きな至福が現れるだろう。人間は、より高次の現象だ。より進化した存在だ。だから人間が相手だったら、より高い体験の頂点に到達できる。石を相手にさえ、エクスタシーは得られる。もし相手が人間なら、そこに起こるエクスタシーは、まさに神的なものだ。

でもまずは、あまり恐れを感じないものから始めることだ。あるいは、誰か愛している人間がいたら……友や恋人など、恐れを感じない人間、恐怖なしにどこまでも近づける人間、「もしかしたら自分を物に変えてしまうのではないか」という根深い恐怖なしに自分を失うことのできる人間、そんな人間がいたら、この技法をやってみるといい。相手の中に自分を意識的に失うのだ。相手の中に自分を失えば、相手もこちらの中に自分を失う。自分が相手に対して開き、その中へ流れ込めば、相手もまたこちらの中へ流れ込み、そこに深い出会いがある。交感がある。ふたつのエネルギーが互いに溶け合う。その状態では、エゴはなく、個人もない。ただ意識だけがある。もしそれが一個人を相手に可能だったら、宇宙全体に対しても可能だ。聖者たちのいわゆるエクスタシー、つまりサマーディとは、人間と宇宙全体との愛の現象にほかならない。

各人の意識を自分自身の意識として感じる。
そして、自己への関心を排除し、各々の存在となる。

私たちの関心は、つねに自己にある。愛しているときでさえ、その関心は自己にある。だからこそ愛は苦悩となる。天国となるはずのものが地獄となる。恋人たちでさえ、その関心は自己にある。相手を愛するのは、相手が自分に幸福や喜びを与えてくれるからだ。相手を愛するのは、相手と一緒にいると楽しいからであり、相手自身の価値ゆえではない。その価値は自分の楽しみにある。何らかの仕方で自分が満足するからこそ、相手は重要なものとなる。これもまた他人の利用だ。

自己への関心は、他人の搾取を意味する。宗教的意識が出現するのは、自己への関心がなくなったときだ。そうして初めて、あなたは非-搾取的になる。〈存在〉と一緒になれば、他人との関係性は搾取の関係ではなく、純然たる分かち合い、純然たる至福の関係になる。もはや利用するのでも、利用されるのでもない。それは存在の純然たるお祭となる。

自己への関心を捨て去る。この自己への関心は、じつに根深い。自分でも気づかないほどに根深い。ウパニシャッドの中ではこう言われている、「夫は妻を愛する、それは、妻ゆえでなく自分自身ゆえだ。母は子供を愛する、それは、子供ゆえではなく自分自身ゆえだ」

自己への関心はかくも根深い。だから何をしようとも、そのすべては自分自身のためだ。あなたは、つねにエゴを満足させ、エゴを養い、偽りの中心を養っている。その偽りの中心は、自分と宇宙との間の障害となっている。

要は自己への関心をなくすことだ。ほんのしばらくの間でも、自己への関心をなくすことができたら、そして相手に関心が持てるようになったら、相手の自己に関心が持てるようになったら、別の現実、別の次元が開かれる。だからこそ、奉仕や、愛や、慈悲が強調されるのだ。慈悲や愛や奉仕とは、自分自身への関心ではなく、相手の自己への関心を意味する。

ところが現実は、人間のマインドの狡猾さときたら、奉仕や慈悲や愛でさえも、自己への関心に変えている。たとえば、キリスト教の宣教師が奉仕をする……懸命に奉仕する。実際、キリスト教の宣教師ほど、深く熱心に奉仕する者はどこにもいない。ヒンドゥー教にしてもイスラム教にしても、そこまでする者はいない。それは、イエスが奉仕を強調したからだ。キリスト教の宣教師は、貧民や病人に奉仕する。でも奥深くでは、その関心は自分自身にあり、貧民や病人にはない。この奉仕はたんに、天国に到達するための一方法だ。その関心は、そうした人々に向けられてはいない。実際のところ、まったくない。その関心は、自分自身にある。奉仕を通じて、さらに大きな自己が達成される。だからこそ奉仕しているのだ。それは根本から間違っている。奉仕とは相手への関心だ——相手が円の中心となり、自分はその周辺部になることだ。

いつか試してごらん。相手を自分の中心にしてみる。彼の幸福を自分の幸福とし、彼の苦悩を自分の苦悩とする。彼に起こることすべてが、自分のところへ流れてくる。彼こそが中心だ。たとえ一度でも、相手が中心で自分がその周辺部だと感じられたら、別種の存在、体験の別次元が開《ひら》かれる。そのとき、深い至福が感じられる……未知で、未体験の深い至福だ。相手を関心の対象とするだけで、苦悩がすっかりなくなる。そのとき、もはや地獄は存在しない。天国が開かれる。

なぜそうなるのか。それは、エゴこそがあらゆる苦の根源だからだ。だから、エゴを忘れることができたら、溶かし去ることができたら、あらゆる苦はそれとともに溶け去る。

各人の意識を自分自身の意識として感じる。

そして、自己への関心を排除し、各々の存在となる。

木となり、川となり、妻となり、夫となり、子供となり、母となり、友となる……これは日常いつでも実践できる。ただ最初のうちは難しいだろう。だから少なくとも、一日一時間はやってみる。その一時間、周囲に現れるものすべてになる。きっとあなたは「どうしてそんなことができるだろう」と言うだろう。でもそれを知るには、ほかに道はない。ただ実践あるのみだ。

木とともに座り、「自分は木になった」と感じる。また、風が吹いてきて木全体が揺れさざめきだしたら、その揺れさざめきを自分の内部に感じる。また、太陽が昇って木全体が生気を帯びたら、その生気を自分の中に感じる。また、夕立が降って木全体が満足して喜んだら……長い間の渇きがいやされて、木がすっかり満足して喜んだら、その木とともに満足して喜ぶ。すると、木の微妙な気分、陰影が、わかるようになる。

長年見なれてきた木でも、あなたはその気分を知らない。木には、幸福なときもあれば、不幸なときもある。また、悲しんだり、落ち込んだり、心配したり、苛立ったり、また、幸せいっぱいだったり、恍惚としているときもある。木にも気分がある。木は生きていて、ものを感じる。

木とひとつになれば、それが感じられる。すると、その木が若いか年寄りか感じることができる。生活に満足しているかどうかがわかる。〈存在〉に恋しているかどうか、嫌っているか、怒っているかがわかる。その木が暴力的か、あるいは深い慈悲を宿しているかがわかる。自分が瞬間ごとに変化するにつれ、木もまた変化する。それが起こるのは、木に対して深い親近感を抱いているとき……いわゆる「感情移入」があるときだ。

感情移入とは、共感が深まることによって、両者が真にひとつになることだ。すると木の気分が自分の気分になる。そして、それがさらに、またさらに深まれば、木としゃべれるようになる。コミュニケーションができるようになる。その気分がわかるようになれば、その言語が理解できるようになり、木の心がわかるようになる。その苦悩や恍惚が感じられるようになる。

このことは宇宙全体に対しても起こる。

少なくとも毎日一時間、何かに感情移入するよう努めてみる。最初のうちは馬鹿らしく思えるかもしれない。きっと「何て愚かなことをやっているんだ」と思うだろう。きっと周囲を見回して思うだろう、「誰か見てないだろうか、もし誰かに知られたら、気でも狂ったかと思われる」と。でもそれは最初のうちだけだ。いったんこの感情移入の世界に入ったら、この世のほうが狂って見えるだろう。人々は徒《いたずら》に見逃している。生はこれほど豊富に与えているのに、人々は取り逃している。それは自分が閉じているからだ。生が自分の中に入ってくるのを許さない。生が自分の中に入ってくるためには、まず自分のほうが、いろいろな道、いろいろな次元で、生の中へと入ることだ。

少なくとも毎日一時間……。そしてこれこそ、あらゆる宗教の当初の意味だった。祈りの意味は、宇宙との親近性であり、宇宙との深い通じあい《コミュニケーション》だった。祈りの中で、あなたは神と語る。神とは「全体」だ。ときには神に対して怒り、ときには神に感謝する……。ただ、ひとつ確かなことは、あなたが通じあう状態にあるということだ。神は、たんなる観念ではない。神とは、ひとつの深く親密な関係性だ。それが祈りの意味するものだ。

ところが私たちの祈りは腐っている。なぜなら私たちは、周囲の存在物と通じあうことができないからだ。周囲の存在物と通じあえなければ、大いなる存在と通じあうことはできない。もし木と通じあえなければ、どうして存在全体と通じあえるだろう。また、木と語ることが愚かに思えたら、神と語るなど、もっと愚かに思えるだろう。

毎日一時間、心を祈りに満ちた状態にする。でもその祈りを口先のものにしてはいけない。ハートのものにするのだ。頭で語るのではなく、感じる。外に出て木に触り、木を抱き、木にくちづけし、目を閉じて木と一緒にいる——まるで恋人と一緒にいるように……。

木を感じてみる。そうすれば、ほどなく深い理解に達するだろう――「自己を排除する」とはどういうことか、「相手になる」とはどういうことか。

各人の意識を自分自身の意識として感じる。
そして、自己への関心を排除し、各々の存在となる。

107 意識のみが存在すると知る

第二の技法。

この意識は各々の存在者として存在する。
ほかには何も存在しない。

かつて科学は、「存在するのは物質だけで、それ以外は何も存在しない」と言っていた。この概念、つまり「存在するのは物質だけだ」という概念から、大きな哲学体系がいくつも生まれた。しかし、物質の存在を主張する人々も、意識のようなものの存在を認めざるを得なかった。それはいったい何か。彼らの考えによれば、それは副次的現象であり、物質の副産物だった——たんに物質が姿を変えたものであり、きわめて微妙なものではあるが、物質的であることには変わりない。ところが、この半世紀の間に大きな奇跡が起こった。

科学は物質について探究に探究を重ねたが、探究すればするほど、物質のようなものはなくなっていく。分析していくと、物質は消失してしまう。百年前、ニーチェは「神は死んだ」と言った。神が死んだら意識の可能性もなくなる。なぜなら、神とは意識の「全体」だからだ。それから百年たって、物質が死んだ。物質が死んだのは、べつに宗教的な人間たちがそう信じているからではない。物質が死んだのは、科学が確定的な結論に到達したからだ。つまり、物質とは現れに過ぎないということだ。物質が現れるのは、私たちに深く見通す力がないからだ。深く見通すことができれば、物質は消え去る。そしてエネルギーがそこに残る。

このエネルギーという現象、非物質的なエネルギーという力は、ずっと昔から神秘家たちに知られていた。ヴェーダや、聖書や、コーランや、ウパニシャッド……世界中の神秘家たちは、〈存在〉を貫いて見通し、そしてつねに「物質とは現れに過ぎない、奥深くにあるのは物質ではなくエネルギーだ」という結論を得ていた。科学も今、それを認めている。ただ神秘家たちは、さらにもうひとつ語っている。それはまだ科学も認めていない。でもいずれは認めることになるだろう。神秘家たちは、さらにこう結論している。いわく、エネルギーを深く貫いて見通せば、エネルギーもまた消え去り、意識だけが残る。

だから層は三つある。物質が第一の層、表層だ。その表層を貫けば、エネルギーである第二の層が現れ、それが知覚される。そしてエネルギーを貫いて見通せば、第三の層が現れる。その第三の層が意識だ。最初、科学はこう言った、「あの人々は夢を見ている。私たちに見えるのは物質ばかりで、ほかには何もない」。それから科学は探究を重ね、そして神秘家の第二の層が確認された――つまり、「物質とは現れに過ぎない、奥深くでは、それはエネルギーにほかならない」。さて、神秘家は、さらにその先を言う。いわく、エネルギーを貫いて見通せば、エネルギーもまた消え去り、そこには意識だけが残る。その意識は神だ。それがもっとも深い核心だ。

自分の体を見通せば、その三つの層が現れる。表層には肉体がある。肉体は外から見ると物質だが、その中深くには生の流れがある。つまりプラーナ、生エネルギーだ。その生エネルギーなしでは、体はただの死体だ。体が生きているのは、中に何かが流れているからだ。その流れている「何か」こそがエネルギーだ。しかし、もっと深く行けば、あなたは体と生エネルギーの両方を観照できる。この観照こそが意識だ。

どんな存在者にも、三つの層がある。その最深のものが観照する意識だ。真ん中にあるのが生エネルギーで、表層にあるのが物質、つまり物質的な身体だ。

この技法いわく、

この意識は各々の存在者として存在する。ほかには何も存在しない。

いったいあなたは何か。いったいあなたは誰か。目を閉じて自分が誰かを追究してみると、究極的に、自分は意識だと結論せざるをえない。それ以外のすべては、自分に属しこそすれ、自分自身ではないからだ。体は自分に属する。そして自分は体を意識できる。体を意識する主体は、体とは別物だ。体は知覚の対象となり、自分は主体となる。あなたは体を知ることができる。知るばかりでなく、操ることもできる。体を動かしたり、止めたりできる。つまりあなたは体から分離している。だからこそ、体に働きかけることができる。

あなたは体でないばかりでなく、マインドでもない。なぜなら、マインドについても意識できるからだ。あなたは思考の往来を見ることができる。また思考に働きかけるのも可能だ。たとえば、思考を完全に消失させることもできる。つまり無思考になれる。あるいは、ある思考に意識を集中し、その動きを停止させることもできる。自分自身をその思考に集中させ、思考をその場に釘づけすることもできる。あるいは、思考が川のように流れるにまかすこともできる。だから思考に働きかけるのは可能だ。思考を完全に溶かし、無思考になることもできる。しかし、あなたは依然、存在する。そしてあなたは、「もはや思考はない、空虚が出現した」と知る。それでも、あなたはそこにいて、その空虚を観照している。

自分自身から分離できない唯一のものが、観照するエネルギーだ。つまり、あなたはそれだ。自分自身をそれから分離することはできない。そのほかは何でも分離できる。「自分は身体ではない。マインドでもない」という認識は可能だ。しかし、「自分は観照ではない」という認識はありえない。何をしようとも、自分は観照者だ。観照から自分を分離することはできない。その観照こそが意識だ。分離が不可能になる地点に達しないかぎり、あなたはいまだ自分自身に到達していない。

だから瞑想法の中には、排除に排除を重ねる瞑想法がある。まず体を、次にマインドを排除する。するともう何も排除できない地点に到達する。ウパニシャッドでは「ネティ、ネティ」と言われる。これは深い瞑想法だ――「これは違う、あれは違う」。探求者はそのように識別していく、「これは違う、これは私ではない」。そうしてどんどん先に進み、ついに「これは私ではない」と言えなくなる地点に到達する。そして観照する自己だけが残る。純粋な意識が残る。この純粋な意識が、各々の存在者として存在するわけだ。

この〈存在〉の中に在るものはすべて、この意識の現象だ。この意識のひとつの波であり、結晶化したものだ。ほかには何も存在しない。肝心なのはこれを感じることだ。分析も有効だし、知的な理解も有効だろう。しかし肝心なのは感じることだ──「ほかには何も存在しない。ただ意識だけだ」と。そして、意識だけが存在するかのようにふるまうことだ。

禅師の臨済について、こんな話を聞いたことがある。ある日、彼は庵の中に座っていた。そこへ男がひとりやってきた。男はひどく怒っていた。妻とけんかしたのか、上役とけんかしたのか、ともかく怒っていた。男は怒りにまかせて扉を開け、怒りにまかせて靴を脱ぎ捨て、入ってきた……きわめてうやうやしく入ってきた。そして臨済に頭を下げた。臨済は言った、「まず扉に許しを請うてこい。それから靴にもだ」。男は怪訝な顔をして臨済を見上げた。そこにはほかの人々も座っていた。みな笑い出した。臨済は言った、「黙れ」。そして男に向かって言った、「もしそれがいやなら、ここを去るんだ。お前に用はない」。男は言った、「靴や扉に許しを請うなんて、おかしくはありませんか」。臨済は言った、「お前が怒りを表したのはおかしくなくて、これはおかしいというのか。何物にも意識はある。さあ出て行け。扉がお前を許すまで、中に入ってはいけない」

男は不可解に思いながらも、出て行かざるをえなかった。この男は後に僧となり、悟りを開いた。悟りを開いたとき、彼はこの話を人々に語って聞かせた。「扉の前に立って許しを請うたときには、何ともへんてこで、馬鹿げて思えたものだ。でも臨済がそう言うのだから、きっと何かあるに違いない。私は臨済を信じていた、『では、ひとつ馬鹿になってやってみよう、彼がそう言うのだから、何かあるに違いない……』。それで始めてみた。最初のうちは、扉に対して何を言っても、すべて表面的で、そらぞらしかった。でも少しずつ、私は本気になってきた。臨済は私を待っていた、その前に臨済はこう言った、『私は見ている。もし扉が許してくれたら入ってきていい。そうでなければ、ずっとそこにいて、自分を許してくださいと扉と靴に頼むんだ』……少しずつ私は本気になってきた。大勢の人々が見ていることも忘れてしまった。臨済のことも忘れてしまった。そして私の姿勢は、だんだん誠実に、本物になっていった。すると扉や靴が、その気分を変えていくように感じられた。そして私にはわかった――扉と靴の両方が、すっかり機嫌を直したと――。すると、臨済はすぐに言った、『よし、さあこっちへこい。もう許された』」

この出来事が、男の生涯に変容をもたらした。男は生まれて初めて、「すべてはまさしく意識の結晶化なのだ」と気づいた。

それが見えなければ、自分が盲目だということだ。それが聞こえなければ、自分が聾だということだ。周囲には、物質的なものは何もない。すべては凝縮された意識だ。問題は自分のほうにある。つまり、自分が開放的でなく、また鋭敏でないということだ。

この技法いわく、

この意識は各々の存在者として存在する。ほかには何も存在しない。

この言葉とともに生活してみる。この言葉に対し鋭敏になり、どこへ行くにも、この心、このハートを携えて行く——「すべては意識であり、ほかには何も存在しない」と。するとやがて、世界はその顔を変える。やがて対象物は消え去り、いたるところに人間が現れる。やがて突然、世界全体は光を帯び、そしてあなたは気がつく——自分が今まで死物の世界に住んでいたのは、自分が鈍感だったせいだと。鈍感でなければ、すべては生きている。生きているのみならず、すべては意識を持っている。なぜなら、すべては奥深くで意識にほかならないからだ。

それを理論として受け取る人もいるだろう。それを理論として信じたら何も起こらない。理論ではなく、自分の生き方、生の様式とするのだ。すべてが意識であるかのようにふるまってみる。始めのうちは「ように」だろう。きっと馬鹿らしく感じるだろう。でもその馬鹿らしさを貫いたら、また、あえて馬鹿になれたら、ほどなく世界はその神秘を開示するだろう。

〈存在〉の神秘に分け入る方法論は、科学だけではない。実際のところ、科学はいちばん効率の悪い方法論だ。ひどくのろい。神秘家は〈存在〉の中へ一瞬のうちに入る。科学がそこまで進むには何百万年もかかる。ウパニシャッドは「世界は幻想だ。物質は幻想だ」と言う。そして五千年たって、科学は「物質は幻想だ」と言えるようになった。ウパニシャッドはまた、「奥深くで、エネルギーは意識だ」と言う。科学は、それにまた五千年を要するだろう。神秘主義は飛躍だ。科学はひどくのろい運動だ。知性は飛躍できない。まず論議が要る。あらゆる事実を論議し、証明し、反証し、実験する必要がある。ハートはすぐに飛躍できる。

知性には手順が必要だ。そうして結論が現れる。まずしかるべき手順があって、それから結論がある。論理的だ。ハートの場合、結論が先で、それから手順が来る。ちょうど逆だ。だから神秘家は何も証明できない。神秘家のもとには、結論はあるが手順はない。

気づいたことがあるだろうか。神秘家はただ結論について語る。ウパニシャッドを読めばわかるが、そこには結論しかない。ウパニシャッドが初めて西洋言語に翻訳されたとき、西洋の哲学者たちは怪訝に思った。論議がないからだ。ウパニシャッドいわく、「ブラフマン(梵)は存在する」。でもそこに論議はない。どうやって結論に達するか。その証拠は何か。何を根拠として「ブラフマンは存在する」と言うのか。それについては何も語られない。ただ結論に達するのみだ。ハートはただちに結論に達する。そして結論に到達したら、そこから手順を創り出す。その手順こそが神学だ。

神秘家が結論に到達し、神学者が手順を創り出す。イエスが結論に到達し、アウグスティヌスやトマス・アクイナスといった神学者が手順を創り出していく。手順は第二義的なものだ。結論に到達したから、さあ証拠を見つけようというわけだ。その証拠は、神秘家の生の中にある。神秘家はそれについて論議できない。彼こそが証拠だ……もし人に見る目があるならば。もし見る目がなかったら、証拠なるものはない。すると宗教は不条理なものとなる。

こうした技法を理論と受け取ってはいけない。それは理論ではなく、体験への飛躍であり、結論への飛躍だ。

108 自分自身の内なる導き手になる

第三の技法。

この意識は各々の導きの魂だ。それになる。

第一点。あなたの内側には導き手がいる。でも、あなたはその導き手を使わない。長い間、何生もの間、使っていない。だからもはや、自分の中に導き手がいることに気づきもしない。

カスタネダの本の中で、師のドン・ファンがすばらしい技法をひとつ与えている。その技法は最古の部類に属するものだ。

暗夜、丘陵地帯の危険な小道、明かりもない……カスタネダの師は言う、「ただ内側の導きを信じ、そして走るのだ」。それは危険だ。丘陵地帯の未知の小道で、木もあり、茂みもあり、断崖もある。どこに落ちるかわからない。日中でさえ、歩くには気をつかう場所だ。ましてこの闇夜では、どこも真っ暗で、何も見えない。でも導師は言う、「歩くな、走れ」。カスタネダには信じられない。まさに自殺行為だ。それで尻込みしていると、師は走っている。向こうのほうへ野獣のように走って行き、そしてまた走って戻ってくる。どうしてそんなことができるのか、カスタネダにはわからない。師は、たんに闇の中で走りまわるだけでなく、いつも自分のほうへまっすぐ走ってくる。まるで物が見えるかのようだ。そこで彼は徐々に勇気を奮い起こした。もしこの老人にできるなら、どうして自分にできないことがあるだろう。そこで試してみた。すると少しずつ内なる光が現れてきた。そこで彼は走り出した。

しくじることもあったが、それはいつも思考が現れたときだ。思考をやめれば、内なる何かが現れる。考えることがなければ、すべてはうまくいく。まるで内なる導きが機能しているかのように。

理性はあなたを誤って導いてきた。その最たるものが、内なる導きへの不信だ。

まず理性を納得させる必要がある。たとえ内なる導きが「進め」と言っても、理性を納得させないといけない。そうして機会を逃してしまう。機会は瞬間的なものだ。その瞬間的な機会は、使うか逃すかのどちらかだ。知性には時間がかかる。そしてあれこれ考えているうちに、その瞬間を逃してしまう。生は待たない。生は、その場でただちに生きるものだ。真に戦士として生きることだ――禅で言われているように。刀を手にして戦場で戦っているときには、考えることができない。考えずに動くほかない。

禅師たちは、刀を瞑想の技法として使ってきた。日本の話だが、禅師同士が、瞑想者同士が、刀を持って戦うと、決着がつかないそうだ。どちらも負けないし、どちらも勝たない。どちらも考えていないからだ。その刀は彼らが握っているのではなく、内なる導き手、無思考の導き手が握っている。その導き手は、相手が攻撃する前に、それを知り、防御する。考えている暇はない。相手はこちらの心臓に狙いを定めている――まさに一瞬のうちに刀は心臓を貫く。どうしたらいいか、考えている暇はない。「心臓を貫こう」という考えが相手に起こるやいなや、時をおかず、自分のほうにも「防御しよう」という考えが起こる。そして初めて防御は可能となる。さもないとおしまいだ。

それで瞑想法として武道が教えられる。それによると、「瞬間瞬間に、内なる導き手とともにあれ。考えるな。すべてを内なる存在にまかせよ。マインドで干渉するな」。これはじつに難しい。マインドに対する私たちの訓練は相当なものだ。学校、大学、文化や文明のすべてが、頭の教育に向けられている。もはや内なる導き手との接触は失われている。誰もがこの内なる導き手とともに生まれてきているのに、その導き手は活動を許されない。機能できない。ほとんど麻痺状態だ。でもそれを蘇生させることはできる。

このスートラは、その内なる導き手に関するものだ。

この意識は各々の導きの魂だ。それになる。

頭を使って考えてはいけない。というより、まったく考えてはいけない。ただ動くことだ。状況に応じて試してみるといい。これは難しい。どうしても古い癖で、思考が始まってしまう。だから、考えないよう注意する。そして心に現れることを内側で感じてみる。混乱することもあるだろう。というのも、それが内なる導きに由来するのか、それともマインドの表層に由来するのか、よくわからないからだ。でもほどなく、その感覚が、その違いがわかるようになる。

何かが内側から来るときには、臍《へそ》から上昇してくる。臍から上昇するその流れが、その温かさが感じられる。一方、マインドが考えるときには、それは表層上のもの、頭の中のものだ。そして、それが下降してくる。マインドが何かを決定したら、あなたはそれを下へと押し下げる。内なる導き手が何かを決定すれば、それは下から湧き上がってくる。自分の存在の深い核から、マインドへとやって来る。マインドはそれを受け取るが、それはマインドのものではない。それは「超えたところ」からやって来る。だからこそ、マインドはそれを恐れるのだ。理性にとって、それは信頼できるものではない。なぜならそれは「超えたところ」に由来するからだ。何の理由も、何の証拠もない。ただ湧き上がるのみだ。

状況に応じて試してごらん。たとえば、森の中で道に迷ったら、試してみる。考えてはいけない。目を閉じ、座り、瞑想的になる。そして考えない。考えても仕方がない。どうして考えられるだろう。知りもしないのだから。ところが、思考は根深い習慣となっているので、考えてもどうにもならないときでさえ、依然として考えてしまう。思考が可能なのは、すでに知っているものについてだけだ。ところが森の中で迷って、地図はないし、尋ねる人もいない……いったい何を考えるというのか。にもかかわらず考えてしまう。その思考はただの心配であり、思考ではない。そして心配すればするほど、内なる導きは働けなくなる。

心配をやめ、木の下に座る。やがて、思考が止み、静まっていく。そしてただ待つのだ。考えてはいけない。騒ぎ立てずに、ただ待つ。そして、無思考の瞬間が来たと感じたら、立ち上がって動き始める。どこへ向かって体が動いても、動くにまかせる。自分はただの観照者となり、干渉しない。そうすれば、見失った道は容易に見つかるだろう。唯一の条件は、マインドで干渉しないということだ。

これは、無意識のうちにもたびたび起こっている。高名な科学者によると、大発見は決してマインドによるものではなく、つねに内なる導きによるものだ。

かつてキュリー夫人は、ある数学の問題を懸命になって解こうとしていた。できるかぎり努力したが、いっこうに解けず、いらいらしてきた。どんな工夫をしても解けない。何日間、何週間、がんばっても、どうにもならない。頭がおかしくなりそうだった。そしてある晩、疲れきって、倒れるように眠った。ところがその夜、夢の中で解答が湧き起こった。待望久しい解答の出現で夢は破られ、目が醒めた。そしてすぐさまその解答を紙に書き付けた。夢の中に出てきたのは解答だけで、その途中式はなかった。彼女はそれを紙に書き付け、それから再び寝床へ戻った。そして朝になって戸惑った。解答は正しいが、どうやってそれに到達したのかわからない。何の途中式もなかった。そこで彼女は、その途中式を考え始めた。もう解答が手許にあるので、その作業は前より楽だった。解答から逆戻りするのは容易だった。彼女がノーベル賞を得たのも、この夢のおかげだった。でも彼女はいつも、なぜそうなったのか不思議でならなかった。

マインドは、疲れ切って何もできなくなると、もはや後退するのみだ。マインドが後退すると、内なる導きが働いて糸口や鍵を与える。ある科学者は、人間細胞の内部構造の研究によってノーベル賞を得たが、彼もまたそれを夢の中で見た——人間細胞の全構造を夢で見た。そして朝になって、その絵を描いてみた。自分自身でも、それが実物どおりだとは思わなかった。でもその後、何年もの研究によって、その夢の正しいことがわかった。

キュリー夫人の場合、この内なる導きの働きを知ってから、再びそれを試している。あるとき、どうしても解きたい問題があった、そこで考えた、「なぜ悩む必要があるだろう。なぜがんばる必要があるだろう。ちょっと眠ればいいのだ」。そしてよく眠った。でも解答は現れなかった。それで当惑した。何度も試してみた。問題があると、すぐに眠ってみる。でも解答は現れなかった。まず頭を使う必要がある――可能なかぎり。そうして初めて解答も湧き上がる。まず頭をすっかり疲労困憊させる。さもないと頭は働き続ける。夢の中でもだ。

だから今、科学者たちは言う、「偉大な発見は、すべて直感的なものだ。理知によるものではない」。これこそが内なる導きだ。


この意識は各々の導きの魂だ。それになる。


要は、頭を失い、この内なる導きの中に落ちることだ。内なる導きはそこにある。古い教典によれば、導師、すなわち外の導師は、内なる導師を見出すための補助でしかない。それだけだ。外の導師の助けによって、内なる導師を見出したら、もはや外の導師の役目はない。

導師を通じて到達できるものは、真理ではなく、内なる導師だけだ。その内なる導師が真理へと導く。外の導師は、まさに代理人であり、代用品だ。導師には自分自身の内なる導き手があるが、それと同時に、他人の内なる導き手のこともわかる。どちらの内なる導き手も、同じ波長の上におり、同じ次元の中にいるからだ。もし私が、すでに自分の内なる導き手を見つけていたなら、私はあなたを見通して、その内部の導き手を感じることができる。だから、もし私が真にあなたの導き手ならば、私の指導のすべては、あなたを内部の導き手へと連れていくことだ。

いったんあなたが自分の内部の導き手に接触すれば、私はもはやいらない。もうあなたはひとりで進める。だから導師にできることのすべては、あなたを押し下げて、頭から臍へ、推理力から直感力へ、論争好きなマインドから信頼できる導き手へと到達させることだ。これは人間だけでなく、動物や、鳥や、木など、すべてについて言える。すべてのものには、内なる導き手がいる。そしていろいろな神秘的な現象が、今また新たに発見されている。

卵を産むと、すぐに母親が死んでしまう魚がいる。父親も卵を受精させると死ぬ。卵は父親も母親もなしに成長していく。そして孵化する。この稚魚は、父親も母親も知らない。自分たちがどこから来たのか知らない。この種の魚は、ある決まった海域に棲んでいる。稚魚は、自分たちの生まれた海岸から、かつて父親や母親の棲んでいたその海域へと移動する。源《みなもと》へと戻るわけだ。やがて成長して再び卵を産むときには、また同じ海岸へと移動し、卵を産み、そして死ぬ。親と子供の間にコミュニケーションはない。ところが子供は何らかの方法で、自分の向かうべきところを知る。決してしくじることはない。また人為的に進路を狂わすこともできない。そういう実験も行なわれたが、進路が狂うことはなかった。稚魚はちゃんと源に到達した。何らかの内なる導き手が働いているわけだ。

ソ連では、猫や鼠など、様々な小動物を使って、いろいろな実験が行なわれてきた。たとえば、母猫を川岸の上に置き、そして子猫たちを海の底へ連れていく。海底だから、子猫たちに何が起こっても、それが伝わる可能性はなかった。母猫にはいろいろな科学装置が取り付けられ、その脳や心臓にどんな変化が現れるかが測定された。そして子猫が一匹、海底で殺された。たちまち母親はそれに気づいた。その血圧が上がった。母猫は動揺を示した。その心拍数は増加した……子供が殺されるとすぐにだ。測定装置は、母親が激しい痛みを感じていることを示した。しばらくすると、すべては平静に戻った。それからまた子供が一匹殺されると、同じことが起こった。そして三度目に子供が殺されると、また同じことが起こった。毎回、その反応時刻はぴたりと一致していた。いったいどういうことか。

ソ連の科学者たちによれば、母親には、内なる導き手、内なる感覚中枢があって、それが子供とつながっている。子供がどこにいようともだ。そしてたちまち、テレパシーによって情報を感受するのだという。

人間の母親は、それほど強く感受しない。これは妙なことだ。その逆であってしかるべきだ。人間の母親は、もっと強く感じてしかるべきだ。人間の方が進化しているのだから……。にもかかわらず感じないのは、頭がすべてをその手中に収め、内なる中枢がすべて麻痺状態にあるからだ。

この意識は各々の導きの魂だ。それになる。

何であれ困難な状況に直面したら……道が見つからず、どうやって外に出たらいいかわからなかったら、考えたりせずに、深い無思考の中で、内なる導き手の導くにまかせてみる。最初のうちは恐かったり、不安を感じたりするだろう。でも正しい解決に到達するたびに……正しい扉に到達するたびに、勇気が湧き起こり、だんだん信頼できるようになるだろう。

この信頼が起こったら、その信頼を、私は信心と呼ぶ。これこそ真の宗教的信心、内なる導きへの信頼だ。頭を使うことは、エゴに属している。それは自分自身を頼むことだ。自分の内側深くへ入っていけば、あなたは宇宙のまさに魂に到達する。自己の内側の導きとは、神的な導きの一部だ。内なる導きに従うのは、〈神〉に従うということだ。一方、自分自身に従えば、物事を面倒にするばかりだし、自分が何をしているのかもわからない。にもかかわらず、往々にしてあなたは、自分のことを賢いと思っていたりする。そんなことはない。

智恵はハートからやって来る。理知に由来するものではない。智恵は、自己の存在の最深部からやって来るものであり、頭からやって来るものではない。要は自分の頭を切り落とすことだ。頭なしになって、存在に従う——それがどこへ導こうとも。たとえ導く先が危険であったとしても、その中へと入っていく。なぜならそれがあなたの道であり、あなたの成長だからだ。その危険を通じて、あなたは成長し、成熟する。たとえその導く先が死であったとしても、その中へと入る。それこそがあなたの道だ。それに従い、それを信じ、それとともに歩むのだ。

第六章
内なる導き

——◎質問◎——

◎

いくつかの技法は、あまりに上級者向けのように思われますが。

◎

どのように内なる導き手を見分けるのですか。

◎

直感的な人間は、知性が弱くはなりませんか。

◎

◎……最初の質問

この百十二の瞑想法のうち、いくつかの技法は、技法というより最終結果ではないかと思えます。たとえば、「宇宙意識となる」とか「それになる」とか。こうした技法の場合、それを実践する予備段階として、別の技法が必要なのではありませんか。この種の技法が対象としたのは上級者、つまり簡単な示唆で到達できるような人間だったのではないでしょうか。

この種の技法が対象としたのは、上級者ではなく、きわめて無垢な人間だった――単純で、無垢で、信の深い人間だった。そうした人間の場合、ただの示唆で充分だ。あなたの場合は信がない。信頼することができない。だから、何かをする必要がある。何かをしないかぎり、何も起こらない。あなたにとっては、まず行動が第一だ。何もしていないときに突然何かが起こったりしたら、きっと恐くなるだろう。とても信じられないだろう。迂回してしまうかもしれない。心に留めさえしない。

あなたの場合、何かをしないかぎり、自分に起こっていることがわからない。これはエゴのせいだ。無垢な人間、開放的な心の場合は、ただの示唆で充分だ。そもそも最奥の存在は、未来に達成されるものではない。それは今ここにある。すでにある。達成されるべきことは、今この瞬間、あなたの中に現に存在している。

何の努力もなく信頼できれば、それは開かれる。それは時間の問題ではない。頑張って獲得するものではない。決して、どこか遠くにあって、そこまで旅する必要があるわけではない。それはあなただ。それを神と呼ぶ人もいるだろうし、ニルヴァーナと呼ぶ人もいるだろう……名前は何であれ、それはすでにあなただ。

だから、ただの示唆であっても、その示唆を心から信じれば、それは開かれる。だからこそ、「シュラーダ」つまり信頼や信心が、これほど大事にされるのだ。もし師を信じることができれば、ただの暗示、示唆、指示によって、すべてが一閃のもとに開かれる。

次のことをよく理解するように。物事の中には、今すぐには達成できないものがある。生み出すのに時間のかかるものがある。それは今、あなたのもとにない。たとえば、私があなたに種子を与えたとする。その種子は、今すぐには木になれない。時間がかかる。待たねばならないし、働きかけも必要だ。種子はすぐに木になれない。でも本当のところ、あなたはすでに木だ。働きかけを必要とする種子ではない。すでに木だ。その木は闇の中にある。その木は隠れている。あなたはその木に気づいていない。それだけだ。あなたはどこかほかのところを見ている。だから見逃している。

信頼があれば、師は機を見計らって、示唆をもって語ることができる——「それはここだ」と。もしそれを信じることができたら……もし信頼の中で、その示された次元を見ることができたら、それは開かれる。

こうした技法は上級者向けではない。単純な、無垢な人間向けだ。上級者は、ある意味で難しい。無垢でないからだ。すでに修行を経てきて、何かを達成している。そしてその裏には、微妙なエゴがある。彼らは何かを知っている。もはや無垢な人間ではない。信じることができない。だからまず、論議によって納得させる必要がある。それだけではない。彼らの場合、納得した後、今度は自分自身の努力が必要となる。

私の言う「無垢な心」とは、論議しない心だ。ちょうど小さな子供のようなものだ。父親に手を引かれて歩く子供は、恐れることがない。父親の連れていく先がどこであろうとも、その方向は正しいと確信している。父は何でも知っている。だから心配する必要はない。子供は未来のことを考えない。これから何が起こるかには関心がない。その道筋を楽しんでいる。目的地は、まったく問題でない。

父親にとっては問題かもしれない。彼は恐れているかもしれない。道を間違ったのではないか、はたしてこの道は正しいのか、と思案したりする。でも、子供にとっては問題でない。「父は知っている」、それだけで充分だ。そして父親の導くところ、どこへでもついていく。今この瞬間を楽しみながら——。

信頼する弟子、無垢な心、それはちょうど子供のようなものだ。そして師は父親以上のものだ。弟子が、明け渡し、信頼していれば、師は時を見計らう——そして弟子が自分と波長を合わせたと感じたら、自分と同調したと感じたら、示唆を与える。

禅師の睦州《ぼくじゅう》について、こんな話がある。

彼は悟りを開こうと苦闘した。でも何も起こらなかった。実際、苦闘すると、往々にして何も起こらない。苦闘はエゴによるものだ。苦闘によって、エゴはさらに強くなる。

彼は自分にできるすべてをしたが、ゴールはいっこうに近づかなかった。むしろ逆に、旅を始めた頃よりも遠ざかっていた。彼は困惑した。悩んだ。

そこで師のところへ行った。すると師いわく、「これから何年かの間、努力や、ゴールや、目的地といったものは、みな忘れてしまえ。そしてただ私のそばにいて、瞬間から瞬間へと生きるのだ。何もせず、ただ、食べ、眠り、歩き、そして私のそばにいる。何も尋ねず、ただ私を見、私の姿を見る。何の努力もしない。達成されるものは何もない。達成しようという心《マインド》を忘れるのだ。

達成しようという心は、つねに未来の中にある。それでいつも現在を取り逃してしまう。だから『何かを達成せねば』ということは、きっぱり忘れてしまえ」

睦州は師を信じていた。そこで師と生活を共にした。何日かの間、何ヵ月かの間、いろいろな考えが浮かび、様々な観念が現れた。ときには不安になってこう考えることもあった、「これは時間の無駄だ。自分は何もやっていない。何もせずに、どうしてそれが起こるだろう。あんなに頑張っても起こらなかったのに、どうしてこんなふうに何もしないでいて、簡単に到達できるだろう」

それでも彼は師を信じていた。少しずつ心は落ち着いていった。そして師の身近にいて、ある微妙な平安が広がっていった……ある静寂が師から自分へと降りてきた。自分が合体していくように感じられた。そして歳月がたった。彼は自分の存在をまったく忘れてしまった。師が自分の中心となり、彼は影のように生き始めた。

そうなると奇跡が可能になる。そうなること自体が奇跡だ。ある日突然、師は彼の名を呼んだ、「睦州、ここにいるか」。ただこれだけだ、「睦州、ここにいるか」

彼は言った、「はい、先生」。そして悟りを開いたそうだ。

それはべつに技法のようなものではない。直接的な示唆でさえない。ただ、「睦州、ここにいるか」だけだ。つまり、睦州の全面的な現在性《ここにいること》が呼び出されたわけだ、「お前はここにいるか。どこにも行っていないか。余所《よそ》に行っていないか。どこまでも、徹底的に、ここにいるか」

睦州は言った、「はい、先生」。この「はい」の中で、彼は全面的な現在性を得た。

伝えによると、師は笑いだしたそうだ。睦州も笑いだした。そして師は言った、「もう行っていい。よそへ出かけて、お前の存在によって人々を助けておいで」

睦州は何の瞑想法も教えなかった。ただこう言うのみだった、「私のそばに居ろ。現在にとどまれ」。そして弟子の波長が合ったと見るや、その弟子の名を呼び、「お前はここにいるか」と尋ねる。それが技法のすべてだった。

しかしこの技法のためには、心の根づきが必要だ。深い無垢が必要だ。瞑想技法の中には簡単なものがいくつもある。非常に簡単なものが――。たとえば、「これになる」とか。それはただの暗示だ。こうしたものは、師が機会を捕らえて言うものだ。いつでもいいというわけではない。弟子が師とひとつになりきったとき、あるいは宇宙とすっかり一体となったとき、師は「これになれ」と言う。すると突然、焦点は変化し、エゴの最後の部分が溶け去る。

この種の技法は、過去には効果があった。でも今は難しい。非常に難しい。人々はとても勘定高く、とても利口になっている。利口というのは、無垢の正反対だ。人々はとても勘定高い。算数を知りすぎている。その計算は、いつも心の中で続いている。何をするにも、つねに計算し、プランを立てる。決して無垢でない。決して、開放的で、受容的でない。自分自身を頼みすぎている。だからいつも逃してしまう。この種の技法を適用するには、まず準備が必要だ。その準備は、非常に長いものになるだろう。ところが人々はひどくせっかちだ。

今の時代は、地球始まって以来、もっともせっかちな時代だ。みなせっかちで、時間を気にし、何でも今すぐにやりたい。とはいえ、「それは今すぐにはできない」というわけではない。今すぐにもできる。でもこんなに時間を気にしていたら、それは不可能だ。

たとえば、私のところへやって来て、「滞在予定は一日だけです」と言う人がいる。翌日はサイババのところへ行き、その後はリシケシに行き、それからまた別のところへ行く。そのあげくに失望して帰国し、「インドには何もない」と考える。でも肝心な点は、インドに何かがあるか否かではなく、自分が受け取れるか否かだ。あまりに急いでいるものだから、インスタントコーヒーのようなつもりで、インスタント瞑想やインスタント・ニルヴァーナを求めている。それは無理というものだ。ニルヴァーナは、パック詰めにしたり、インスタントにするものではない。とはいえ不可能というわけでもない。インスタントにもできる。でもそれが可能なのは、インスタントを求めないときだけだ。それが問題だ。それはインスタントにできる。すぐに、今この瞬間にもそれは起こる。一瞬でさえ必要ない。でもそれが瞬時に起こるのは、時間に対して、まったくくつろいでいる人間、無限に待つことのできる人間にだけだ。

これは、一見逆説的だが、真実だ。永遠に待てる人間は、まったく待つ必要がない。一方、一瞬でも待てない人間は、永遠に待たねばならない。そして待っても何も起こらない。「さあこの瞬間に、すぐにそれを起こさせよう」と語る心《マインド》は、すでにその瞬間から動き去っている。そういう心はいつも走っている、どこにもいない、どこにもとどまらない……いつも動作中だ。こうした「動作中」の心、「運行途中」の心は、無垢になれない。

みんなは気づいているだろうか。無垢な人間は、時間をまったく気にしない。時間はゆっくり過ぎていく。急いでどこかに行く必要はない。無垢な人間は走っていない。瞬間から瞬間を楽しんでいる。瞬間瞬間をかみしめている。瞬間瞬間が、それぞれエクスタシーを届けてくれる。ところが、あなたはあまりに急いでいるため、瞬間がエクスタシーを届けてくれるひまもない。あなたの場合は、ここにいるときも、その手は未来へ伸びている。その心は未来へ向かっている。それでこの瞬間を逃してしまう。いつでもそうだ。いつでも今を逃している。しかし、今というのは唯一の時間だ。未来は偽りだし、過去はたんなる記憶だ。過去はもはやないし、未来はまだ来ていない。今のほかは何もない。今こそ唯一の時間だ。

もう少しゆったりし、勘定をやめ、子供のように今ここに遊ぼうとするつもりがあるなら、こうした単純な技法は奇跡をもたらすだろう。今の世紀は時間を気にしすぎる。だからこそあなたは、「こうした技法の場合、それを実践する予備段階として、別の技法が必要ではないでしょうか」と言うのだ。それは違う。

また、これらは技法であり、最終結果ではない。それが最終結果のように見えるのは、あなたにその働きが想像できないからだ。こうした技法が有効なのは、ある一定のマインドに対してだけだ。それ以外のマインドには有効でない。

そして実際、智者たちは次のように言う――あらゆる技法は最終的にあなたを無垢へと導き、その無垢の中で、究極の現象が起こる。あらゆる技法は、あなたをその無垢へと導く。その無垢があれば、究極の現象は起こる。

しかし現在、それは難しい。無垢を教えるところがどこにもない。利口になることしか教えない。大学は人を無垢にするためのものではない。人を利口に、狡猾に、計算上手にするためのものだ。利口であればあるほど、生存競争では有利になる。計算上手であれば、富や、地位や、権力が手に入る。もし無垢な人間がいたら、それは馬鹿だということだ。無垢であれば、この競争世界に居場所はない。

しかし、これが問題だ。たとえこの競争世界に居場所があったとしても、ニルヴァーナの無競争社会で居場所を持つのは、無垢な人間だけだ。

計算上手な人間は、ニルヴァーナの世界に居場所を持たないが、この世界には居場所を持つ。そして私たちは、この世界をゴールと定めている。

古代の大学は、まったく異なっていた。その方針は、まったく違っていた。ナーランダやタクシャシラでは、計算は教えなかったし、利口になることも教えなかった。そこで教えられていたのは無垢だった。その方針は、オックスフォードやカーシーやケンブリッジとは違っていた。まったく異なる方針で、別種のマインドが養成されていた。だから、タクシャシラやナーランダで学んだ人々は、ほとんどが比丘《ビク》、すなわちサニヤシンになった。大学を卒業するまでに、学生は世界を放棄した。こうした大学は反現世的だった……別の次元に向けられていた。現世的な物差では計れないようなものに向けられていた。こうした技法は、その種の人々向けだった。その種の人間は、生まれつき無垢であったか、または無垢になるべく自分自身を訓練していた。

イエスは弟子たちに対して、「片方の頬を打たれたら、もう一方の頬を差し出せ」と言った。それは何を意図していたか。無垢になれということだ。こんなことのできるのは馬鹿な人間だけだ。もし誰かに頬を打たれたら、勘定高いマインドはこう言うだろう、「もっと強く打ち返せ――今すぐに」。真に勘定高いマインドはこう言うだろう、「打たれる前に相手を打て。攻撃は最大の防御だ」。マキャヴェリに聞いてごらん――じつに利口な人間だ。彼いわく、「攻撃される前に、相手を攻撃せよ。攻撃は最大の防御だ。もし先に攻撃されたら、こちらは弱体化し、相手に主導権を握られる。もうその競争は対等ではない。相手が先んじている。だから、相手に先行を許してはならない。攻撃される前に、こちらから攻撃するのだ」

これが勘定高いマインド、利口なマインドだ。マキャヴェリの本は、近世ヨーロッパの君主や王たちみなに読まれた。でも、あまりに利口だったので、どこの王も彼を雇おうとしない。本は読まれた。その本は武力外交のバイブルだった。あらゆる君主が、その本、マキャヴェリの『君主論』を読み、それに従う。でも誰も彼を雇おうとしない。こんな利口な男は遠ざけておいたほうがいい。危険だ。知りすぎている。彼は言う、「高潔はよくない。だが高潔のふりをするのはいい。高潔になってはいけない。そのふりをするのだ。いつも『自分は高潔だ』というふりをする。それは絶対に有利だ。両方から得をする。悪徳から得をするし、高潔からも得をする」。これが勘定高いマインドだ。いつも自分は高潔だというふりをし、つねに高潔を誉め讃えよ。でも、決して真に高潔にはなってはいけない。いつも高潔を誉め讃えよ。すると人からは高潔な人間だと思われる。つねに悪徳を非難せよ。でも悪徳を用いるのに遠慮はいらない。

イエスいわく、「誰かに一方の頬を打たれたら、もう一方を差し出せ。また、誰かにコートをひったくられたら、シャツも与えよ。また、誰かに荷物を押しつけられ、一マイル運べと言われたら、二マイル運ぼうと申し出よ」。これではまったくの馬鹿だ。でも、きわめて意味深い。これができる人間には、この種の技法が向いている。

イエスは弟子たちを、突然の悟りに向けて準備している。ちょっと考えてごらん。どこまでも無垢な人間、信頼を持つ人間であって初めて、誰かに打たれても、「彼が打つのも、私のためを思ってだ」と考える。それでもう一方の頬を差し出して、相手に打たせる。相手の善意を信じている。誰も敵ではない。それこそがイエスの言う「汝の敵を愛せよ」の意味だ。誰も敵ではない。誰も敵だと思ってはいけない。だからといって、敵がいないとか、誰もあなたを不当に扱わないというわけではない。敵はいる。あなたを不当に扱う人々もいる。しかし、不当に扱われてもいいから、利口になってはいけない。この点をよく見ることだ。不当に扱われてもいいから、利口になってはいけない。不当に扱われてもいいから、不信を抱かず、信を失わない。これこそ何にも代えがたく貴重なものだ。たとえ他人にだまされようと、これほど貴重なものはない。

いったい私たちの心はどう機能するか。たとえば、ひとりの人間にだまされると、人類全体が悪者になってしまう。不正直な人間がひとりいると、あるいは不正直のように思えると、もう人間がまったく信じられなくなる。人類全体が不正直になる。吝嗇《けち》なユダヤ人がひとりいたら、ユダヤ民族全体が吝嗇《けち》になる。偏狭なイスラム教徒がひとりいたら、イスラム教徒全体がそうなる。たったひとりで、信頼がすっかり失われてしまう。イエスいわく、「たとえ皆が不正直でも、信を失ってはならない。たとえ不正直な人々に何をだまし取られようとも、信ほど貴重なものは何もない」。実際、信の喪失こそ、真の意味での喪失だ。それ以外に喪失はない。

だから、そういう無垢な人々には、こうした技法で充分だ。それ以上のものは必要ない。誰かに何かを言われれば、それが起こる。師に言われただけで、多くの人間が光明を得ている。でもそれは、現代ではなく過去のことだ。

こんな話を聞いたことがある。臨済が小屋の中で眠っていた。彼はたいへん貧しい僧だった。貧しいサニヤシンだった。乞食だった。そこへ泥棒が入ってきた。小屋には何もなかった――彼の使っている上掛《うわがけ》のほかは。彼は床の上に寝て、その上掛にくるまっていた。さて臨済は泥棒を見て気の毒に思った。そして考えた、「何て間《ま》の悪い男だ。遠くの村から何か目当てにやってきたのに、この小屋ときたら何ひとつない。あわれなことだ。どうやって助けてあげよう。あるものといえばこの上掛だけだ」。でも彼はそれにくるまっていた。いくら泥棒でも、それをさらっていくような度胸はない。そこで彼は上掛から抜け出して、片隅の暗がりにすべりこんだ。泥棒はその上掛を取って、消え去った。その夜はたいそう寒かった。でも臨済は幸福だった。泥棒に物をもたせてやれたからだ。

それから彼は小屋の窓辺に座った。夜は寒かった。空には満月があった。そこで彼は俳句を詠んだ。いわく、「盗人の取り残したる窓の月」。この心だ。いったい彼は何を失ったか。ただの上掛だ。そして何を得たか。世界全体だ。およそ手に入れられるものすべてだ。彼の得たもの、それは無垢であり、信であり、愛だ。

こんな人間だったら、何の技法もいらない。その師はこう言うだけだ、「いいか。気づくんだ。覚醒しろ」。それで充分だ。

◎…………第二の質問

無意識的な心《マインド》の指示と、内なる導き手の指示は、どう区別したらいいでしょう。どうしたら、内なる導き手が働いているとわかるでしょうか。

第一点。フロイトのせいで、「無意識」という言葉がひどく誤解されてきた。フロイトは無意識を完全に誤解した。その解釈はまったく誤っている。そして現在、マインドに関する知識の根底をなしているのが、フロイトだ。彼の言う無意識とは、抑圧された意識にほかならない。意識の抑圧された部分だ。

悪いもの、不道徳なものすべては抑圧されてきた。社会によって許されないものは、どうしても内側で抑圧される。その抑圧された部分が、フロイトによれば無意識だ。しかし神秘家にとっては違う。フロイトは神秘家ではない。彼は自分自身の無意識の中に入ったことがない。ただ患者の症例を観察しただけだ。その患者とは、病人、異常な人間、狂人だった。彼はそうした病的なマインドを研究していた。そういう病的なマインドの研究を通じ――それも外部からの研究を通じ、結論に達した。その結論によると、意識のすぐ下には無意識的なマインドがある。そしてその無意識的なマインドの中には、幼時から抑圧されてきたものすべて、社会によって悪いとされてきたものすべてがある。そうしたものの存在を忘れようと、マインドはそれを押さえつけてきた。

でもそれは存在する。そして絶えず働いている。しかも、きわめて強力だ。絶えず意識を変形させている。絶えず意識を罠にはめている。それを相手にしたら、意識はまったく無力だ。相手が強力だからこそ抑圧する。社会にはどうすることもできない。だから社会はそれを抑圧し続ける。ほかに方策を知らない。

たとえばセックスだ。その強力さたるや、もし抑圧しなければ、いったいどうなるかわからない。きっとあなたを危険な道へと誘うだろう。凄まじいエネルギーだから、もし放置しておいたら、社会全体は混乱状態になるだろう。もし完全な自由が許されたら、結婚は存在できないし、愛も存在できないし、いっさいは混乱状態になるだろう。みな動物のようにふるまうだろう。結婚や家族がなくなれば、社会は崩壊する。社会は家族という単位に基礎を置き、家族は結婚に基礎を置き、結婚は性の抑圧に基礎を置いている。

自然で強力なものすべては抑圧されてきた――タブー視されてきた。その強力な抑圧によって、あなたは罪悪感を植え付けられ、絶えずそれと闘っている。社会は、外側に警官をつくっただけではない。内側にも警官をつくった。つまり良心だ。あなたが道を踏み外さないための、二重の安全弁だ。それであなたは自然になれない。不自然でいるほかない。

そして今、心理学者によると、精神異常は文明の一部分だという。狂気のない文明はない。精神異常の原因となるものは、秩序の強制による自然な本能の阻害だ。それで異常が現れる。おそらく、精神異常者は常人より強力なのだ。だから内なる本能が反抗し、良心やマインドといったすべてを捨て去ったのだ。それで異常になった。

人類社会が向上し、正しい理解と知識が広がれば、現在の精神異常者も有用な人材となるかもしれない。天才であるかもしれない。いわゆる狂人たちはときに、きわめて才能豊かな人間であったりする。実際そのとおりだ。彼らの内側には、あまりに大きな力があるゆえに、自分自身を抑圧できない。だから社会は彼らに自由を許さない。彼らは常軌を逸している。フロイトの達した結論によれば、文明は無意識を必要とする。つまり抑圧された部分を必要とする。

しかし、タントラやヨガにとっては、この無意識は真の無意識ではない。それは、無意識と意識の狭間《はざま》にある小さな中間層だ。潜在意識だ。意識はそれを押さえつけている。でも意識はそれについて知っている。それは真の意味で無意識ではない。あなたはそれを知っている。でも認めたくない——注意を払いたくない。もし注意を払って、それが表面に現れてきたら困るからだ。だから闇の中に押し込んでいる。でも意識はしている。フロイト派の無意識は、真の無意識ではない。潜在意識だ。それは闇夜ではない。明るすぎるくらいだ。だから見ることができる。

タントラは真の無意識について語る。その無意識とは、自分によって抑圧されたものでなく、自己の最深の存在だ。そして意識とは、光の中に現れたその一部にすぎない。それは無意識の十分の一であり、光を見た部分、意識的になった部分だ。十分の九は、その下に隠れている。その無意識は、あなたの生エネルギーの源泉であり、あなたの存在だ。意識的なマインドは、マインド全体の十分の一だ。

ところが、この意識的なマインドが自分で中心をつくっている。その中心こそがエゴだ。この中心は偽りだ。なぜなら、この中心はマインド全体のものではないからだ。マインド全体の中心ではない。たんに一断片である意識的な部分の中心だ。その断片が自ら中心をつくりだし、その中心がまるで存在全体の中心であるかのように装っている。

マインドの全体には中心がある。その中心が導き手と呼ばれるものだ。その中心は無意識の中にあり、それが顕《あらわ》れるのは、断片の五つが、つまりマインドの半分が、光の中に現れたときだけだ。そうすれば、その中心が顕れる。それが導き手だ。それは無意識の中に隠れている。

だから無意識を恐れる必要はない。このフロイト的無意識は恐るべきものだ。しかしこのフロイト的無意識は、浄化《カタルシス》の中で廃棄できる。だからこそ私は、浄化を盛んに勧めるのだ。このフロイト的無意識は、浄化の中で廃棄できる。

必要なのは、今までしたくてもしないでいたことを、何でもすることだ——ただし瞑想的にだ。

他人に向かってしてはいけない。さもないと連鎖を生むし、自分のコントロールもできなくなる。だから虚空の中で行なう。もし怒っていたら、それを虚空の中で行なう。もし性欲を感じていたら、それを空の中に投げ捨てる。自分の内側にあるものを、何であれ、外へと向かわせる。表現する。

瞑想的浄化はフロイト的無意識を除去してくれる。私の教えている技法に従えば、フロイト的無意識は簡単に消え去る。このフロイト的無意識が消え去って初めて、真の無意識に入っていける。

部屋の中にゴミを捨て続け、その部屋を閉じてしまったらどうなるか。部屋はゴミ捨て場になっていく。フロイト的無意識はゴミ捨て場だ。

ゴミを中に捨ててはいけない。捨てるなら外に捨てる。中に捨てたら病気になる。精神異常になる。外に捨てれば、爽やかに、若々しく、軽やかになる。

現代人には浄化が不可欠だ。浄化なしには、誰も内なる導き手に到達できない。深い浄化を行なえば、もはや恐れる必要はなくなる。すると真の無意識が自らを顕《あらわ》し始める。その無意識は意識の中を貫き、そうしてあなたは生まれて初めて、自分の広大な領域を知るようになる。あなたはそんな小さな断片ではない。あなたには、はるかに広大な存在がある。その広大な存在には中心がある。その中心こそが内なる導き手だ。

どうやって無意識と内なる導き手を区別するか。どうやってフロイト的無意識と、内なる導き手を区別するか。浄化を経ていない人間には、その区別は難しい。でもその違いは、だんだんわかるようになる。なぜならフロイト的無意識とは、抑圧されたものだからだ。もし何かが自分の中で暴力的に現れるようだったら、その暴力的な力の出現は、もともと自分がそれを抑圧していたからだ。でも何かが、暴力性を伴わずに現れるようだったら……音もなく静かに湧き上がってくるようだったら、それは真の無意識だ。その導き手によって何かがもたらされる。ただし、その違いを会得するには、まず自分自身の浄化《カタルシス》が必要だ。そうすれば要領がわかってくる。

フロイト的無意識から何かが現れると、何か落ち着かない感じがする。心が乱れてくる。一方、内なる導き手から何かが現れると、穏やかさが感じられる。その幸福、その安らぎは、想像もつかないほどだ。ただもう「これだ！」と感じるばかりだ。自分の存在全体がそれと調和する。何の抵抗もない。「これは正しい」とあなたは知っている――「これは良い、これは真だ」と。それについては誰も口をさしはさめない。一方、フロイト的無意識の場合、決して穏やかにはなれない。決して安らかにはなれない。心乱れるばかりだ。それは一種の病気だ。その病気が出現してくる。そしてそれに対する戦いが起こる。だからまず、深い浄化が必要だ。そうすれば、このフロイト的無意識は徐々に静まる。

それはちょうど、泡が河底から水面に上がってくるのに似ている。自分の存在の底から泡が上がってくる。そして意識的なマインドに到来する。すると深い平安が現れる……「これ以上に正しいものはない」という感覚が現れる。でもそれが起こる前に必要なのは、フロイト的無意識から解放されることだ。すっかりゆだねた状態にならないかぎり、これは起こらない。最奥の存在は、まったく非暴力的なものだから、自己主張はしない。こちらから招くほかない。

ここが大事だ。最奥の存在は自己主張しない。フロイト的無意識は自己主張したがる——絶えず自己主張を図っている。そしてあなたは、つねにそれを押さえ込んでいる。それが違いだ。フロイト的無意識は、自己主張を求め、活路を求め、あなたをどこかに導き、操りたがる。あなたは抵抗し、それと闘う。しかし真の無意識、導き手は強引ではない。こちらが受け入れれば、こちらが招けば、祈りに満ちていれば、ちょうど招待客のようにやってくる。だからゆだねの状態が必要だ。そうして初めてそれはやって来る。それがやって来るのは、「もう用意ができたようだ。もはや否定されたり、拒まれることはあるまい。自分はきっと歓迎される」と思われるときだ。だからふたつのことをする必要がある。ひとつは、フロイト的無意識の浄化であり、もうひとつは、真の導き手、真の無意識に対するゆだねと明け渡しの訓練だ。このふたつができれば、違いがわかるようになるだろう。

違いは、実際のところ、教えられるものではない。それはおのずとわかる。それが起これば、おのずとわかる。たとえば、体が痛むときと、体が健康であるとき、それをどう区別するか。頭が痛いとき、それをどのように感じるか。その違いは何か。あなたはただそれを知るのみだ。定義はできない。ただ知るのみだ。頭痛について、健康について、あなたは知っている。

真の導き手は、つねに健康な感覚を与え、フロイト的無意識は、つねに頭痛の感覚を与える。それは、騒擾《さわぎ》であり、内的葛藤であり、苦悩であり、抑圧された痛みだ。それがやってくると、いつもあなたはそこらじゅうに苦痛を感じる。

このフロイト的無意識のせいで、本来苦痛でないものが、しばしば苦痛となる。たとえばセックスだ。社会による抑圧のせいで、セックスは苦痛を伴うものとなっている。自然な生活の中で、この上なく至福に満ちたものがセックスだ。ところがそれが苦痛を伴うものとなっている。性行為を始めると、焦燥を感じ、罪悪感を持ち、最後には衰弱を感じる。それで、もう二度とセックスはするまいと決心する。でもその原因は、自然なセックスにあるのではなく、無意識のせいだ。セックスが苦痛を伴うものとなっているせいだ。あまりに抑圧されているせいで、セックスが醜悪で苦痛を伴うものとなっている。本来ならば、セックスはこの上なく自然なエクスタシーだ。もし子供に、「セックスは罪悪だ」と教えなければ、彼はそれを楽しむ。そしてセックスのたびごとに、深い健康が体中にみなぎるだろう。

男の方が女より健康な感覚を持っている。これもまた抑圧のせいだ。女の抑圧のほうが大きい。誰も男が童貞であることを求めないが、女については誰もが……童貞でない男でさえ、自分の結婚する相手には処女を求める。道楽者《プレイボーイ》でさえ、自分の結婚相手には処女を求める。

女の無意識は男の無意識より抑圧されている。だからこそ、オーガズムに達する女の数が少ないのだ……。それは西洋の話だが、東洋では、セックスに何らかの歓びを感ずる女は、せいぜい五パーセントほどだ。九十五パーセントの女は、それにうんざりしている。だから行者《サドゥー》や僧侶が「セックスは罪だ」と教えると、女たちはいつもそれに賛同する。女たちは僧侶のまわりを幾重にもとりまく——こうした話は女たちにうける、「まったくその通りだわ」と。女たちはあまりに抑圧されているため、セックスの至福を何も知らない。それほど抑圧されている。

インドでは、性交中、女は動くものでないとされている。死体のように横たわっていないといけない。もし積極的になったりすれば、相手の男は疑いの目を向ける。セックスを楽しむということは、良い女でないというしるしだ。良い女は楽しまない。東洋ではこう言われている——結婚したいなら良い女と結婚しろ、また、楽しみたいなら悪い女と仲良くなれ。つまり、セックスを楽しむのは悪い女だけだ。これは不幸なことだ。女は動いてはいけない。積極的になってはいけない。死んだようにじっとしていないといけない。これでどうしてオーガズムに達するだろう――エネルギーが動いていないのに。

自分が楽しくなければ、女は必ず夫を敵視し、夫のことを悪者だと考えるようになる。毎日のようにインドの女たちが私のもとにやってきて、もうセックスはうんざりだ、自分の夫はいつもいつもセックスを強要すると訴える。彼女らはそれが好きでない。嫌悪している。でもなぜ夫たちは、それほど嫌悪していないのか。なぜ女たちは嫌悪するのか。それは、女の無意識のほうが男より性的に抑圧されているからだ。

抑圧すると、セックスは苦痛となる――頭痛となる。セックスに限らず、何であっても頭痛となる。抑圧が元凶だ。抑圧すれば苦悩となる。

何であっても至福となる。表現するのだ。抑圧してはいけない。

人々が知っているのは、このフロイト的無意識だけだ。真の無意識、タントラ無意識については知らない。だからこそ人々は恐れるのだ。恐れていれば、ゆだねることができない。恐れていれば、コントロールを失うことができない。自分でも承知している――もしコントロールを失えば、たちまち抑圧された本能に取って替わられる。たちまち今まで抑圧してきたものがマインドに現れ出る。だからあなたは恐れる。その恐怖を除去するためには、まず浄化が必要だ。そうすれば、ゆだねられるようになる。ゆだねることができたら、ごく静かな力が意識的なマインドに溢れ始める。そこに感じられるものは、健康であり、安らぎだ。そしてあなたはきっと、「すべては良い、自分は祝福されている」と感じるだろう。

どうしたら、内なる導き手が機能しているとわかるでしょう。

最初のしるしは、心地よさが現れること、自分に対する好感情が現れるということだ。あなたはつねに、自分に対して悪感情を抱いている。私が今まで出会ってきた人間の中で、自己に対して好感情を持っている人間は、めったにいない。誰もが自分を蔑視しており、自分のことを悪く思っている。もし自分のことを悪く思っていたら、いったいどうして他人から愛されるだろう。そして誰からも愛されなければ、あなたはきっと欲求不満を感じる。自分でも自分のことを愛していない。あなたは今まで一度も、愛を込めて自分の手を触れたことがない。今まで一度も、自分の体に愛を感じたことがない。今まで一度も、こんなに美しい体、こんなにすばらしい仕組みを授かったことを、神に感謝したことがない。ただ嫌悪するばかりだ。そして諸宗教、いわゆる宗教は、体に対する蔑視を教える。いわく「体は罪悪の袋だ」と。それであなたは重荷を背負う。無意識が解き放たれると、突然、「自分は受け入れられている、自分は悪くない」と感じられる。

何も悪いものはない。生のすべては、奥深いところで祝福だ。そこに感じられるのは、自分への祝福だ。自分への祝福が感じられるとき、まわりの人々すべては祝福されている。みんなが祝福されている。それで自分も幸福だ。自分自身を罪悪視しているからこそ、自分を悪く思っているからこそ、他人のことも同じように思うのだ。

自分自身の体を愛していなかったら、どうして他人の体を愛せるだろう。自分自身の体に敵対していたら、どうして他人の体を愛せるだろう。きっとあなたは、他人の体も罪悪視するだろう——奥底で罪悪視するだろう。実際、諸宗教のしてきたことは、人々を幽霊にすることだ。諸宗教の望みは、人間から肉体を取り去ること、人間を肉体のない魂とすることだ。すべてがひどく罪悪視されてきた。そして人々は、それを鵜呑みにしてきた。教典を見てごらん。いろいろな教典の中に、体を罪悪視する記述がある。いわく、「お前の体は、ほかでもない、血と脂肪と粘液だ」と。いったいこういう教典を書いた人間たちは、何を望んでいたのか。金《きん》だったらいいのか。銀か。何だ。ダイヤモンドか。なぜ血がいけないのか。なぜ血が非難されるのか。血こそ生命だ。でも彼らは血を悪いものとする。そして人々は、それを受け入れる。こうした人々はまったく狂っている。

ジャイナ教徒たちはいつも言う。自分たちのティルタンカーラは、決して小便も大便もしない。

そんな悪いことはしない――。

なぜ小便が悪いのか。小便の代わりに何をするというのか。小便のどこが悪いのか。でもそれは、まったく悪いものだ。心理学者によれば、男の場合、生殖器と泌尿器が同じせいで、セックスが罪悪視される。また女の場合、生殖器は真ん中にある――一方には排便、もう一方には排尿がある、そんな悪いものの間にあるものが、善いわけがない。セックスの罪悪視は、排泄の罪悪視に由来している。しかしなぜか。なぜ罪悪視するのか。何が悪いのか。ところが私たちは、それを受け入れる。そして受け入れれば、問題が起こる。

人間の体《からだ》全体が、ノイローゼ的な人々によって貶《おとし》められている。たとえそれが教典の著者だったとしても、ノイローゼには変わりない。あるいは、権力者だったかもしれない。ノイローゼの人間は、だいたいいつも偉大な権力者だ。ノイローゼ的な人間は狂信的だから、すぐに追従者が集まる。狂信を崇拝する人々は、どこにでもいる。断固たる調子でしゃべる人間がいると、人々はその足下に平伏し、「彼こそ指導者だ」と言う。でも彼はただのノイローゼかもしれない。ただの狂人かもしれない。こうしたノイローゼ的な人間が人々を罪悪視し、人々はそれを受け入れる。人々は、そうした人間たちによって条件づけられてきた。

真の無意識が自分の中に流れ込むと、微妙な幸福感が現れる――心地よさが感じられる。すべてが良い。すべてが神々《こうごう》しい。自分の体は〈神〉に由来している。自分の血も、自分の小便もだ。すべてが神々しい。無意識が流れ込めば、すべてが神々しい。すべてが神聖になる。何も悪くない。何も罪悪視されない。このような感覚が現れたら、あなたは飛ぶ。歩いてなどいられない。そのくらい軽くなる。もはや頭上に重荷はない。そして、小さな物事を大きなやり方で楽しむことができる。些細なものすべてが、それぞれに美となる。その美は自分に由来するものだ。自分の触れるものすべてが金《きん》になる。なぜなら、奥深くで自分が至福に満ちているからだ。

これがあなたに起こる第一番目だ。つまり、自分自身への好感情。

二番目。無意識が意識の中に流れ込むと起こる二番目のこと。外側の世界への依存が減り、観念的な姿勢が減り、あなたはもっと全面的《トータル》になる。

そうなると、幸福なときは、たんに口で「私は幸福だ」と言うのみならず、あなたは踊りだす。「私は幸福だ」と口で言うだけでは、力に欠ける。無意味だ。人々は口で「私は幸福だ」と言うが、その顔を見てごらん。また、人々は「あなたを愛しています」と言うが、その体は何も表現していない。言葉は死んだものだ。ところが私たちは、それを生の代用としている。

無意識が自分の中に流れ込んできたら、あなたは自分の存在全体で生きる。それが相違点だ。

あなたは幸福を感じ、踊りだす。もはや「私は幸福だ」と口で言うだけではない。あなたは実際に幸福だ。そこが違うところだ。もはや「私は幸福だ」とは言わないだろう。そう言う必要がない。なぜなら実際に幸福だからだ。また誰かに「あなたを愛しています」と言う必要もない。あなたは愛だ。自分の全存在がその感覚を現す。そして、あなたは愛とともに波うつ。そばを通る人はみな、あなたが愛していることを感じる。あなたが手で触れると、相手の中に微妙なエネルギーが入ってくる。それは、あなたの存在の温かさであり、幸福だ。

これが二番目だ。一番目は、自分自身およびすべてに対する好感情であり、そして二番目は、自分が全面的になることだ。導き手にゆだねれば、あなたは全面的になる。

◎…………第三の質問

直感が働き始めるとき、その直感に対する技法、つまり内なる導き手に対する技法は、明け渡しだけでしょうか。直感を通じて生きる人間は、つねに成功するでしょうか。成功と失敗はどこで判断するのですか。また、直感に生きる人間は知性が低下することはないでしょうか。

内なる存在を機能させるための唯一の技法、それが明け渡しだ。

直感を通じて生きる人間は、つねに成功するでしょうか。

そんなことはない。でも、つねに幸福だ——成功しようがしまいが。また、直感に生きない人間は、つねに不幸だ——成功しようがしまいが。成功は基準にならない。成功はいろいろなものに左右される。幸福こそが基準だ。幸福は自分しだいだ。

直感に従っても、成功するかどうかはわからない。なぜなら競争者がいるからだ。たとえ自分が直感的に行動したとしても、往々にして他人はもっとずる賢く、利口に、手際よく、暴力的に、反道徳的に行動していたりする。だから成功は、ほかのいろいろなことに左右される。成功は社会的な現象だ。だから成功するとはかぎらない。

いったいイエスは成功しただろうか。磔《はりつけ》は成功ではない。最大の失敗だ。三十三歳で磔にされるのが、成功であろうはずがない。彼は、べつに有名でもなかった。その弟子は、何人かの村人、無教育な人々だった。何の地位もなく、何の権力もなかった。これが成功だろうか。磔は成功とは言い難い。でも彼は幸福だった。彼はどこまでも至福に満ちていた――磔にされてもだ。一方、彼を磔にした人々は、その後何年も生きるが、ずっと苦悩の中だ。だとしたら、いったい誰が磔になったのか。そこが問題だ。イエスを磔にした人間が磔になったのか。あるいはイエスが磔になったのか。イエスは幸福だった。どうして幸福を磔にできるだろう。彼はエクスタシーに満ちていた。どうしてエクスタシーを磔にできるだろう。肉体なら殺せるが、魂は殺せない。彼を磔にした人々は生きている。しかし、その生はまさに長く緩やかな磔だ。苦悩につぐ苦悩につぐ苦悩だ。

だから第一点。内なる導き手に従ったからといって、必ずしも成功するとはかぎらない。世界の認める成功という意味では、必ずしも成功するとはかぎらない。しかし、ブッダやイエスの認める成功という意味では、成功する。その成功の基準となるのは、幸福であり、至福だ。何が起ころうとも、本人は幸福だ。世界によって、「お前は失敗者だ」と決め付けられようと、あるいは「成功の星」として祭り上げられようと、何の変わりもない。あなたは幸福だ。どんな場合でも、あなたは至福に満ちている。私に言わせれば、至福こそが成功だ。至福こそ成功だと理解できれば、「内なる導き手に従う人間は、つねに成功する」と言うことができる。

ところが人々にとって、至福は成功ではない。成功はもっとほかのものだ。その成功は不幸であるかもしれない。不幸になると承知していながらも、人々は成功を求める。政治的指導者を見てごらん。彼らは不幸の中にいる。私はいまだかつて一度も、幸福である政治的指導者を見たことがない。ただ不幸であるばかりだ。にもかかわらず、もっと高い地位をうかがっている。もっと高く梯子《はしご》を昇ろうとしている。自分より上にいる人間もまた不幸だ——そのことは自分でもよく承知している。ところが私たちは、成功を前にすれば不幸もいとわない。いったい、私たちにとって成功とは何か。成功とはエゴ的な成就だ。至福ではない。他人から、「あなたは成功者だ」と言ってもらいたいだけだ。たとえすべてを失っていようとも……魂や、至福をもたらす無垢や、自分を〈神〉に近づけてくれる平安や、静寂などを失っていようとも、まったくの狂人になっていようとも、世界はあなたのことをきっと「成功者だ」と言うだろう。

世界にとっては、エゴの満足こそが成功だ。私にとっては違う。私にとって成功とは、至福に満ちることだ。世に知られているかどうかはどうでもいい。世に知られているか、あるいは、まったく知られず埋もれたままか、そんなことはどうでもいい。もし至福に満ちていれば、それこそが成功だ。

この区別を覚えておくように。世の中には、世間で成功するために、直感的になろうとか、内なる導き手を見つけようとしている人々が大勢いる。そうした人々にとって、内なる導き手はきっと期待外れになるだろう。第一に、そうした人々は内なる導き手を見つけることができない。第二に、たとえ見つけたとしても、きっと彼らは不幸だろう。彼らの求めていること、それは世間からの認知であり、エゴの充足だ。至福ではない。

はっきり心に刻んでおくことだ。成功を目指してはいけない。成功は、この世で最大の失敗だ。だから成功しようと思ってはいけない。さもないと失敗者となる。そうではなく、至福に満ちることを考えるのだ。どの瞬間にも、もっともっと至福に満ちることを考える。すると、世界全体が「お前は失敗者だ」と言っても、あなたは失敗者ではない。あなたは到達している。

ブッダは失敗者だった。その友人や、家族や、妻や、父親や、教師たちや、社会の目から見れば、彼は失敗者だった。彼は乞食になった。これが果たして成功だろうか。偉大な帝王にもなれたのに——彼の資質はそれにふさわしかった、彼の性格はそれにふさわしかった、彼のマインドはそれにふさわしかった。彼は偉大な帝王にもなれた。ところが乞食になった。どう見ても彼は失敗者だ。でも私に言わせれば、彼は失敗者ではなかった。もし帝王になっていたら、きっと失敗者となっただろう——真の生を逃していただろう。彼が菩提樹の下で得たものは、真のものであり、そして、彼の失ったものは、偽りのものだった。

真の成功は、内なる生の成功だ。偽りの成功については、私は知らない。もし偽りの成功を得たかったら、狡猾、利口、競争、嫉妬、暴力……こうした道を歩むことだ。内なる導き手は、それにふさわしくない。もしこの世界において何かを得ようと思うなら、内なる導き手には耳を傾けないほうがいい。

しかし究極的には、世界全体を手に入れたと考える人間は、自分自身を失っている。イエスは言う、「全世界を手に入れながら自分の魂を失ったとしたら、そんな人間は何を得たといえようか」。あなたはどちらを成功者と呼ぶか――大王のアレクサンドロスか、磔のイエスか。

もし――この「もし」をよく理解することだ――もし、あなたの関心がこの世界にあったら、内なる導き手は無用だ。もし、あなたの関心が存在の内なる次元にあったら、内なる導き手こそが、唯一の助けとなる。

第七章

空の哲学

[経文]

—109—

自分の受動的な姿形を、皮膚の壁に囲まれた空虚な部屋と観る。

—110—

優美な者よ、遊べ。

宇宙は空っぽの貝殻、その中であなたの心は無限に戯れる。

—111—

愛しき者よ、知ることと知らないこと、

在ることと無いことに、瞑想する。

次いで両方を排除すれば、あなたは在る。

—112—

支えなく、永遠で、静かな空間——その空間の中に入る。

これらの技法は空《くう》に関わっている——もっとも微妙で繊細な技法と言える。空は、思い描くのさえ難しい。ブッダはこの四技法すべてを、弟子や比丘《ビク》たちに使った。この四技法のせいで、ブッダはまったく誤解された。仏教がインドから根こそぎ消え去ったのも、この四技法のせいだ。なぜなら、ブッダは「神はいない」と言ったからだ。

もし神がいたら、あなたは完全には空になれない。自分はいなくなっても神がいる……神的存在がいる。また、マインドはあなたを欺く。その「神的存在」も、往々にしてマインドによる欺瞞だ。

またブッダは「魂は存在しない」と言った。もし魂つまり「アートマン」が存在したら、その背後にエゴを隠すこともできる。もし自分の中に自己なるものがあったら、エゴを去るのは難しくなる。完全に空にはなれなくなる。なぜなら自分が存在しているからだ。

こうした空の技法への地ならしとして、ブッダはすべてを否定した。彼は無神論者ではなかった。にもかかわらず無神論者のように見えるのは、彼が「神はいない」とか「魂は存在しない」とか「存在の中に実体はない。存在は空だ」と言ったからだ。それはすべて、こうした技法のための地ならしだった。

空の中に入るとは、「すべて」の中に入るということだ。その「すべて」は、ときによって神的存在と呼ばれたり、神と呼ばれたり、アートマンや魂などと呼ばれたりする……その呼び方は何でもいい。ともかく、真理の中に入れるのは、自分がまったく空になったときだ。自分の中の何物も残っていてはいけない。

ヒンドゥー教徒は、ブッダが宗教を破壊していると思った。非宗教を教えていると思った。また、彼の話を聞いた人々でさえ、彼に従うことはできなかった。そもそも人間は、何かを求めてどこかへ行く。誰も空を求めに行きはしない。彼の話を聞きに行った人々もまた、何かを求めていた——ニルヴァーナや、モクシャや、別世界や、天国や、真理や……とにかく何かを求めていた。人々は、究極の欲求を満たそう、真理を見出そうとやって来た。真理こそ究極の欲求だ。ところが、すっかり無欲求にならないかぎり、真理を知ることはできない。真理を知るための必須条件は、すっかり無欲求になることだ。

だからひとつ確実なのは、真理は欲求できないということだ。もし欲求したら、その欲求が障害となる。ブッダの以前にも、「欲求するな、無欲求になれ」と教えていた導師たちはいた。ただ彼らは、神について語っていた……あるいは、神の王国や、天国や、極楽や、モクシャや、究極の自由や、解放などについて語っていた。そして「無欲求になれ」と言った。しかしブッダは思った——もし達成すべきものが存在したら、無欲求にはなれない。たとえ無欲求のふりをしたところで、そのふりも、その無欲求もまた、何かを成就するための欲求だ。それは偽りだ。導師たちによると、欲求があったら究極の至福には到達できない。あなたは究極の至福に到達したい。だから無欲求になろうとする。そうすれば究極の至福に到達できる……。でもそこには欲求がある。無欲求になろうとする裏には、まさに欲求がある。だからブッダいわく、到達すべき神はいない。欲求したところで、到達すべきものは何もない。だから無欲求になるのだ。どこにもモクシャや、目的地《ゴール》はない。生は無意味で、無目的だ。

その教えは、じつにすばらしい。かつて誰も試みなかったやり方だ。目的地をすべて破壊して、無欲求を容易にしようとする。もし目的地が存在したら、無欲求にはなれない。また、もし無欲求でなかったら、目的地には到達できない。これは逆説だ。ブッダは目的地をすべて破壊した。それはべつに、目的地が存在しないという意味ではない。目的地は存在するし、到達もできる。そうではなくて、「もし目的地へ到達しようと欲求したら、その到達は不可能になる」という意味だ。基本条件は、無欲求になることだ。そうすれば〈究極〉は起こる。そこでブッダいわく、欲求すべきものは何もない。あなたの欲求は無益だ。欲求をすっかり落とせ。欲求がなくなれば、あなたは空になる。

ちょっと想像してごらん。もし内側に欲求がなかったら、あなたはいったい何か。あなたは欲求の束にほかならない。もし欲求がすっかりなくなれば、あなたはただ消え去る。べつにあなたが存在しなくなるという意味ではない。あなたは空《くう》として存在する。ちょうど空っぽの部屋のように、あなたはそこに在る。そこには誰もいない。それがシュンニャすなわち「無」だ。ブッダはその無を、アナートマ、アナッタ、つまり、「無魂性」と呼んでいる。するともはや、「私は在る」というような核は感じられない。ただ「在る」だけで、そこに「私」はない。「私」とは、まさに蓄積された欲求、濃縮された欲求、結晶化された欲求にほかならない。無数の欲求が、あなたの「私」となっている。

ちょうど物理学者が言うのと同じだ。物質を分析していけば、ただの原子になる。そしてその原子同士を結ぶものはない。それぞれの原子は、虚空で取り巻かれている。たとえば、手の上に石があるとする。でもそこにあるのは石ではなく、ただ、エネルギーである原子と、原子間の虚空だ。石でさえも空間を含んでいる——多孔質だ。物理学者によると、いずれはそういった空間が除去できるようになるという。

H・G・ウェルズがこんな話を書いている。二十一世紀のこと、ある旅客が大きな駅で赤帽たちを呼んでいた。同じ客車に乗り合わせた旅客たちは首をかしげた。なぜなら、その客は荷物を持っていなかったからだ。ただ煙草一箱と小さなマッチ箱だけだった。それが彼の持っているすべてだった。にもかかわらず、しきりに赤帽たちを呼ぶ。それでまわりに大勢の人々が集まった。ある旅客が尋ねた、「なぜ赤帽を呼ぶんですか。何も持っていないのに――。このマッチ箱と煙草なら自分で運べるでしょう。二十人も赤帽を集めて、いったいどうするつもりですか」。すると旅客は笑って言った、「ためしにこのマッチ箱を持ってごらんなさい。このマッチ箱は普通じゃないんです。これは機関車が収縮したものです」

これはそのうち可能になるだろう。つまり空間を除去するわけだ。再び空間を注入すれば、機関車は元の形に戻る。それによって大きな物も運ぶのが容易になる。重量はそのままで、嵩《かさ》がどんどん小さくなる。機関車もマッチ箱ほどの大きさになる。重量はそのままだ。空間には重さがないからだ。空間を除去しても、重量は除去できない。重量が存在するのは、原子の中であって、空間の中ではない。地球でさえリンゴくらいの大きさまで縮められるという。でも重さはそのままだ。また、もしそこにある原子を全部除去してしまえば……もし、ひとつ、またひとつ、またひとつと、原子を全部除去してしまえば、後には何もなくなる。だから物質とはただの外見だ。

ブッダは、似たような方法で人間の心を分析した。彼ほど偉大な科学者も珍しい。彼いわく、人間のエゴとはまさに欲求の集合だ。欲求という原子の集合体だ。何百万もの欲求があり、それがあなたを形成している。その欲求をひとつずつ除去していけば、いつか欲求はなくなる――そしてあなたは、すでに消え失せている。ただの空間、空っぽの空間が残るのみだ。そして、これこそブッダの言うニルヴァーナだ。あなたの存在は、すっかり停止する。あなたはもはやいない。ブッダいわく、これこそが静寂だ。自分がすっかりいなくならないかぎり、静寂は降りてこない。ブッダいわく、あなたは静寂になれない。なぜならあなたこそが問題だからだ。あなたは決して平安になれない。なぜならあなたこそが病気だからだ。あなたは決して至福を得られない。なぜならあなたこそが唯一の障害だからだ。至福はいつでもやって来るが、あなたが障害となっている。あなたがいないとき、至福はそこにある。あなたがいないとき、平安はそこにある。あなたがいないとき、沈黙はそこにある。あなたがいないとき、エクスタシーはそこにある。自分の内なる存在が空《くう》であるとき、その空そのものが至福だ。だからこそ、ブッダの教えは、「シュニャワダ」つまり「空の哲学」、あるいは「零の哲学」と呼ばれるのだ。

これら四技法は、こうした存在の状態に到達するためのものだ――あるいは非存在の状態と呼んでもいい。どちらでも変わりはない。

ヒンドゥー教やジャイナ教のように、肯定的な用語を使ってもいい――「魂」というような。あるいはもっと適切で、否定的な用語を使ってもいい――ブッダの「アナッタ」つまり「無自己性」もしくは「無魂性」というような。それはあなたしだいだ。

どのように呼ばれても、そこにはべつに、名づけられ、呼ばれるようなものはない。ただ無限の空間があるばかりだ。だからこそ私は言う――「これらは究極の技法だ。もっとも微妙で、もっとも難しい。しかし、もっともすばらしい」と。そしてもし、この四技法のうち、どれでもひとつ実践できれば、到達不能のものが獲得できる。

109 自分の体を空っぽなものと感じる

第一の技法。

自分の受動的な姿形《すがたかたち》を、
皮膚の壁に囲まれた空虚な部屋と観《み》る。

自分の受動的な姿形を、皮膚の壁に囲まれた空虚な部屋と観る……内側では、すべてが空だ。これはとりわけすばらしい技法だ。まず、瞑想的な姿勢で座る……くつろいで、ひとりで。背骨は真っすぐだが、体全体《からだ》はくつろいでいる――まるで体全体が背骨にしがみついているかのように……。それから目を閉じる。しばらくの間、体をくつろがせる……もっとくつろぎ、もっと静かに、静かに、静かに――しばらくの間そのように感じてみる。

さてそれから、「体がただの皮膚の壁で、中には何もない」と感じる。内側には誰もいない。家は空っぽだ。ときどき想念は通過するだろう……思考の雲が往来するだろう。でもそれは決して、自分のものではない。それは違う。ただ虚空を徘徊しているだけだ。思考は誰にも属していない。どこにも根を持っていない。

それは、ちょうど雲が空《そら》を往来するようなものだ。雲に根はないし、空に属してもいない。ただ空を徘徊しているだけだ。ただ来ては去っていく。そして空は、まったくもとのままだ。何の影響も受けない。

「自分の体は皮膚の壁であり、中には誰もいない」と感じてみる。依然として思考は現れるだろう。昔からの習癖、昔からの惰性、昔からの協働関係があるからだ。だから思考は引き続きやって来る。でもこう考えるのだ――そうした思考は、内側の空間をただよう根のない雲だ。自分のものではないし、ほかの誰かのものでもない。思考は誰のものでもない。自分は空《くう》だ。

これが難しいのは、古い習癖のせいだ。それ以外の何物でもない。心は好んで思考を捕らえ、それと同化し、それとともに歩み、楽しみ、ふける。

それに抵抗するのだ！　そしてきっぱりと言う――「誰もふけりはしない、闘いはしない、思考を相手にはしない」。数日、数週間もすれば、思考の数はだんだん減っていく。雲は消失し始める。また、たとえ現れたとしてもその頻度は減り、思考という雲のない空《そら》が広がる。ひとつの思考が過ぎ去り、次の思考が現れるまで間隔があく。そしてまた思考が現れ、また間隔があく。こうした間隔の中で、空《くう》というものが初めてわかる。その一瞥によって、あなたは非常に深い至福で満たされる。その至福は想像もできないほどだ。

実際、それについて語るのは難しい。言葉で語ることは、すべてあなたに関わっている。ところがあなたはもはやいなくなる。だから「あなたは幸福に満たされる」と言っても意味がない。あなたはもはやいなくなるのに、どうして「あなたは幸福に満たされる」と言えるだろう。幸福はそこにある。皮膚という壁の中に幸福があって、波打っている。そしてあなたはそこにいない。深い沈黙があなたの上に降りてくる。あなたがいなければ、誰に悩まされることもない。あなたはいつも「自分は誰々に悩まされる」と考えている。車の騒音や、まわりで遊ぶ子供や、台所で働く妻や……誰かに悩まされる。

誰もあなたを悩ましてはいない。自分こそがその原因だ。あなたが居るからこそ、悩まされるのだ。あなたが居なければ、悩み事は空《くう》の中へと現れ、空に触れることなく去っていく。あなたが居ると、すぐに傷つく——何が現れても、悩みの元となる。

こんな話を聞いたことがある。第三次世界大戦の後、人類は死に絶え、地上に残ったのは木や山だけだった。さて、ある大木が大きな物音をたてようと思った——昔のような物音を。そこで大きな石を上から落っことしてみた。また、ありとあらゆる手を尽くしてみたが、物音はたたなかった。物音が存在するには、あなたの耳が必要だ。あなたがいなければ、音は生み出せない。不可能だ。私がここでしゃべっている。私が音をたてているのは、あなたがここにいるからだ。誰もいなかったら、たとえ私が語り続けても、音はたたない。もっとも、私にも耳があるから、私は音をたてられる。でも聞く者がいなければ、音はたてられない。音というのは、人の耳の反応だ。

もし地上に誰も居なかったら、たとえ太陽が昇っても、光をもたらすことはできない。これは一見、不条理だ。私たちには想像できない。私たちの考えでは、太陽が昇れば、つねにそこには光がある。でもそうではない。人の目が必要だ。目がなかったら、太陽は光をもたらせない。たとえ毎日昇り続けても無益なことだ——光は虚空を通過するばかりだ。光に反応する者がいない。「これは光だ」と言う者がいない。光はあなたの目の現象だ。あなたの反応だ。音はあなたの耳の現象だ。あなたの反応だ。また、たとえば庭にバラの花が咲いていたとする。ところが誰も通らなければ、その花に香りはない。バラだけでは、香りは作り出せない。あなたの鼻が必要だ。反応するものが必要だ。「これは香りだ。これはバラの香りだ」と解釈する者が必要だ。いくらバラががんばったところで、鼻がなければ、バラはまったくバラではない。

だから道路の騒音が邪魔だといっても、その邪魔は道路にあるわけではない。自分のエゴの中にある。エゴが反応して、「これは邪魔だ」と言うのだ。それは自分の解釈だ。気分が変われば、それを楽しむかもしれない。すると、もはや邪魔物ではない。別の気分のときには、楽しむかもしれない、そして「これはすばらしい。何という音楽だろう」などと言う。でも悲しいときには、音楽でさえも邪魔になる。

あなたが居なくて、ただ空間だけ、空虚だけがあるとき、そこには騒音も音楽もなくなる。物事はただあなたを通り抜け、気づかれもしない。通過するだけだから、傷つくこともなく、反応もない。応答する者が誰もいない。反響《こだま》でさえ存在しない。これがブッダの言うニルヴァーナだ。

この技法はきっと役に立つだろう。

自分の受動的な姿形を、皮膚の壁に囲まれた空虚な部屋と観る。

受動的な状態で座る……非能動的に、何もせず。何かをすれば、必ず行為者が現れる。実際、「行為者」なるものは存在しない。何かをすると、そこに誰かが存在するように思われる。ブッダを理解するのが難しいのは、まさにこのせいだ。私たちは普通、「人が歩いている」と言う。言語のせいで問題が生じる。私たちは「人が歩いている」と言う。この文を分析すると、「歩いている誰かが存在する」という意味だ。でもブッダいわく、そこにあるのは歩いているという働きだけであり、歩いている者はいない。また、「人が笑っている」という場合もそうだ。言語のせいで、あたかも「笑っている誰か」がいるような印象を与える。

ブッダいわく、そこにあるのは笑いであって、その内側に笑っている者はいない。だから自分が笑っているとき、このことを思い出して、いったい誰が笑っているのか探してごらん。決して見つけられないだろう。ただ笑いがあるばかりだ。その裏には誰もいない。誰もそれをやっていない。悲しいときもまた、悲しんでいる者がいるのではなく、ただ悲しみだけがある。あくまでも悲しみだけだ。それは働きだ。ただ笑いだけ、ただ幸福だけ、不幸だけだ。その裏には誰もいない。

まさに言語のせいで、私たちはいつも「二」の観点で考える。もし何かの動きがあれば、そこには必ず動いた者がいるはずだ、「動き手」がいるはずだ……私たちはそう考える。決して「動き」だけを思い描けない。でも、はたしてあなたは、今までに「動き手」なる者を見たことがあるだろうか。今までに「笑う者」を見たことがあるだろうか。ブッダいわく、そこにあるのは生であり、生の働きだ……誰かがその中に生きているわけではない。また死についてもだ。そこにあるのは死であり、誰も死ぬわけではない。ブッダから見れば、あなたは「二」ではない。「私は語っている」と言えば、そこに「二」が現れる。まるで、「私」という誰かがいて、その誰かが「語っている」かのようだ。ブッダいわく、そこにあるのは「語り」であり、その「語り」を作っている者は誰もいない。それはひとつの働きだ。それは誰にも属さない。

私たちにとって、これは難しい。なぜなら私たちのマインドは根深く二元的だからだ。何かの行為について考えるとき、つねにそこには行為者がいる。だからこそ瞑想の中では、受動的で非行為的な姿勢が要求されるのだ。それによって容易に、空《くう》の中に落ちていける。

ブッダいわく、「瞑想せずに、瞑想の中にいなさい」。その違いは巨大だ。もう一度繰り返そう、ブッダいわく、「瞑想せずに、瞑想の中にいなさい」。もし瞑想したら行為者が出現する……「自分が瞑想しているんだ」と考えてしまう。そうして瞑想は行為となる。

ブッダいわく、「瞑想の中にいなさい」。つまり、全面的に受動的になり、何もせず、また、行為者が存在すると考えない。だから、ときおり、行為の中で行為者が失われると、突然、幸福の潮《うしお》が湧き上がってくることがある。それはあなたが「一」になるからだ。たとえば、舞踏家が踊っているとき、その踊りが舞踏家に取って代り、彼が消え去ってしまう……突然の祝福、突然の至福、突然のエクスタシーが現れる。彼は未知の至福に満たされる。いったいどういうことか。行為だけが残り、行為者がいなくなったのだ。

戦いの前線で、ときおり兵士たちは、非常に深い至福に到達する。これはなかなか理解しがたい、なぜなら彼らは死と隣り合わせだからだ。いつ死ぬかわからない——。最初のうちは、彼らも恐れる。怖くなって震える。でも毎日毎日、怖がって震えてばかりはいられない。いつか慣れてしまう——死を受け入れる。すると恐怖は消え失せる。このように死と隣り合い、一歩間違えばたちまち死んでしまう状況では、行為者は忘れ去られ、ただ義務だけ、行為だけが残る。兵士に必要なのは、どこまでも行為の中に入り込むことだ。いつまでも「私はいる」と考えてはいられない。この「私はいる」が問題のもとだ。そのせいで核心を逃してしまう……当の行為の中にいられなくなる。兵士の場合、生は危機に瀕している。「二」なんかに構ってはいられない。全面的にいられなくなる。その行為は全面的になる。行為が全面的なとき、突然、今までになかったような幸福が感じられる。

戦士たちは、深遠な歓喜の源泉を知っている。それは日常生活によっては、もたらされないものだ。戦いが人を魅きつけるのも、おそらくはそこに理由がある。また、クシャトリヤつまり戦士階級が、バラモン（祭司階級）よりたくさんモクシャに到達しているのも、おそらくはそこに理由がある。バラモンはいつも考えてばかりだ――もっぱら頭で活動している。ジャイナ教二十四人のティルタンカーラや、ラーマや、クリシュナや、ブッダといった人々は、みなクシャトリヤ、戦士階級出身だ。彼らはみな最高の頂点に到達している。


今だかつて、商人がそこまで到達したという話はない。商人は安全な環境に生きているので、「二」が可能になる。だから何をしようとも、決して全面的にはならない。利潤追求は、決して全面的な行為にならない。楽しむことならできるが、決して生死の問題にはならない。遊ぶことならできるが、危機に瀕することはない。それはゲームだ。商人はゲームの中にいる……金《かね》のゲームだ。そのゲームは、さほど危険なものではない。だから商人はほとんどみな、いつまでも凡庸だ。ギャンブラーのほうが、まだ商人よりも高い至福に到達できるだろう。ギャンブラーは危険の中に入る。彼は自分の得たものすべてを賭る。その全面的な賭の一瞬に、行為者は失われる。

賭博や戦争がこれほど人を魅きつける理由は、おそらくその辺にあるのだろう。私の理解するところ、人を魅きつけるものの裏には、つねにエクスタシーが潜んでいる……どこかに、未知なるもののヒントが、生の深い神秘の一瞥が、隠されている。さもなければ、何も人を魅きつけはしないだろう。

この受動性が大事だ。瞑想中にとる姿勢は、受動的であったほうがいい。たとえばブッダの姿勢だ。もっとも受動的な姿勢《アーサナ》がインドで開発されたが、それがブッダの姿勢、つまりシッダアーサナだ。シッダアーサナのすばらしさは、この姿勢で座ると、体がもっとも深い受動の状態になるということだ。たとえ寝転んだところで、それほど受動的ではない。眠っている間でさえ、その姿勢はそれほど受動的ではない。能動的だ。

なぜシッダアーサナは、それほど受動的なのか。理由はたくさんある。まず、体が固定され閉じられているという点だ。

また、体には電気的な回路がある。その回路が固定され閉じられると、電気は体の内部を回り回って、漏れ出すことがない。

次のような現象が科学的に証明されている。ある姿勢をとると、エネルギーが漏れ出す——エネルギーが漏れ出すと、体はエネルギーを作り続け、体は能動的になる。漏れ出すせいで、体の発電機は絶えず働く。外側の体からエネルギーが漏れ出していると、内側の体はそれを補うために、どうしても能動的になる。だからもっとも受動的な状態とは、エネルギーの漏れ出さない状態だ。

現在、西洋の国々、とくにイギリスでは、患者を治療する際に、人工的に患者の体の電気回路を作る療法が用いられている。多くの病院で現在この方法が用いられ、大きな効果をあげている。患者を電線のネットの上に寝かせる。この電線のネットによって、患者の体には電気回路が作られる。三十分もすると、患者はたいへんリラックスし、エネルギーに満ちあふれ、力が湧いてくる。見ちがえるほどだ。

だから古い文明を持つ国々では、どこでも、眠っている間にエネルギーが漏れ出さないように、特定の方向に向かって眠る。地球には磁気があるからだ。地磁気を利用するには、一定の方向に横になる必要がある。すると地磁気は一晩中、人を磁気化する。その逆に眠ると磁気は反作用し、人のエネルギーは破壊される。それで朝になると、憔悴し衰弱したように感じる。普通はその逆だ。眠るのは若返るため、エネルギーを得るためだ。ところが、しばしば、床に入るときにはエネルギーに溢れていたのに、朝起きると死んだように元気がなくなってしまう……そんな人々が大勢いる。原因はたくさんあるだろうが、そのひとつに、寝る方向が悪いということもありうる。地磁気に反して寝ているから、活力が失せていくように感じられるのだ。

科学者たちによれば、体には電気回路があり、その回路は閉じることもできるそうだ。科学者たちは、シッダアーサナで座っているヨガ行者を研究している。その状態で座っていると、体からの漏出がもっとも少なくなる――エネルギーが保持される。エネルギーが保持されていれば、内部電池が働く必要はない。内的活動はいらない。それで体は受動的になる。このように受動的であれば、活動的であるときよりも、容易に空《くう》になれる。

シッダアーサナで座れば、背骨は真っすぐになり、体全体《からだ》も真っすぐになる。最近の科学的研究によれば、体が真っすぐだと、地球の重力による影響は最小になる。だからいわゆる「窮屈」な姿勢をとると、重力の影響が大きくなる。一方に傾いて座れば、体にかかる重力は大きくなる。真っすぐに座れば、重力の影響は最小になる。重力は背骨を引っ張るだけだ。

だからこそ、立ったままで眠るのは難しい。シルシアーサナつまり逆立ちして眠るのは、ほとんど不可能だ。眠りたければ、地面に横になる。なぜか。それは、地球からの引力が最大になるからだ。引力が最大になると、あなたは無意識になる。最小の引力はあなたを覚醒させ、最大の引力はあなたを無意識にする。眠るとき横になる必要があるのは、横になれば地球の重力が体全体に触れ、細胞すべてを引っ張るからだ。それによってあなたは無意識になる。動物たちが人間より無意識的なのは、直立できないからだ。進化論者によれば、人間が進化できたのは、二本足で直立できたからだ。すると重力の引っ張りは減る。このため、人は多少なりとも覚醒することができた。

シッダアーサナによって、重力は最小になる。体は非活動的、受動的になり、内側で閉じられる。体はそれ自身で一個の世界になる。何も出て行かないし、何も入って来ない。目は閉じられ、両手は固定され、両足も固定される。エネルギーは円を描いて動く。エネルギーが円を描いて動けば、エネルギーは内なるリズムを、内なる音楽を創り出す。その音楽を聞けば聞くほど、あなたはくつろぎを感じる。

自分の受動的な姿形を、空として観る――ちょうど、皮膚の壁に囲まれた空っぽの部屋のように。そしてその空の中にどんどん落ちていく。やがて、あなたは感じるだろう――すべては消え去った、誰もいない、家は空っぽだ、家の主は消え去った、蒸発した……。もはやあなたは内側に存在しない。

その隙間に、神が現れる。あなたがいないとき、神はいる。あなたがいないとき、至福はある。だから要は消え去ること――内側から消え去ることだ。

110 活動の中で遊ぶ

第二の技法。

優美な者よ、遊べ。
宇宙は空っぽの貝殻、
その中であなたの心は無限に戯れる。

この第二の技法は、「遊び」の次元に基礎を置いている。次の点を理解するように。非活動的であるときには、もちろん深い空《くう》の中に入るのがいい——内なる深淵の中に入るのがいい。でも、一日じゅう空虚であるわけにはいかないし、一日じゅう受動的であるわけにはいかない。きっと何かをする必要がでてくる。活動は、基本的に必要だ。さもないと生きていられない。生は活動を意味する。だから一日のうち、数時間は非活動的でいられても、残りの時間はどうしても活動的になる。瞑想とは、生き方そのものとなるべきものであり、断片となるべきではない。さもないと獲得と喪失を繰り返すだけだ。

一時間のあいだ非活動的であれば、二十三時間は活動的になる。すると活動的な力のほうが大きくなるから、非活動の中で獲得されたものは、みな破壊されてしまう。活動的な力がそれを破壊する。翌日になっても同じことだ。二十三時間にわたって行為者を蓄積し、一時間それを捨て去る……それは難しい。だから、仕事や活動についてもその姿勢を変えることだ。そこでこの第二の技法がある。

要は、仕事を仕事ではなく、遊びとみなすことだ。仕事を遊びとみなす。ただのゲームとみなし、深刻にならない。ちょうど子供が遊ぶように、意味もなく、達成すべきものもなく、その活動そのものを楽しむ。少し遊んでみれば、その違いが感じられるだろう。働いているとき、あなたは深刻で、重荷を担い、責任を持ち、あれこれ心配している。結果を追い求め、仕事それ自体は楽しむに値しない――大事なのは、未来や結果だ。

遊びには結果がない。その過程が至福に満ちている。心配することもないし、深刻なものでもない。たとえ深刻に見えたとしても、それはただの見せかけだ。遊びは過程を楽しむ。仕事は過程を楽しむものではなく、何よりも結果だ。その結果を達成するために、とにかく過程を我慢することになる。もし、過程となる活動なしに結果に到達できるなら、きっとあなたは活動を省いて結果へ一飛びするだろう。

遊びの場合はそうでない。遊びなしで結果に到達できたとしたら、その結果は意味がない。結果が意味を持つのは、過程があるからこそだ。たとえば、サッカー・チーム同士がグランドにいたとする。その勝ち負けを、コインを投げて決めたらどうか。どうしてわざわざ苦労する必要がある――へとへとになってまで……。コインを投げれば、まったく簡単に決まるではないか。その場でわかる。一方が勝ちで、他方が負けだ。なぜがんばる必要がある。でも、そうすると意味がなくなってしまう。結果には意味がない。過程こそが大事だ。たとえ勝ち負けがなかったとしても、その試合に意味がある。その活動そのものが楽しまれる。

この遊びという次元を、生の全体に適用するのだ。要は、何をしていようとも、その結果がどうでもよくなるくらい全面的に、その活動の中に入ることだ。結果は現れるかもしれない。結果は必ず現れる。結果はきっと現れる。でも、あなたの頭にそれはない。あなたの心にそれはない。ただ遊ぶだけ、楽しむだけだ。

クリシュナがアルジュナに語る言葉の意味も、そこにある、「未来は神の手に委ねよ……行動の結果は、神の手に委ねよ。ただ行なえ」。この、ただ行なうことが遊びとなる。その点が、アルジュナには理解しがたい。彼いわく、もしそれがただの遊びだったら、なぜ殺すのか、なぜ戦うのか（古代インドを二分した大戦争マハーバーラタに際し、戦いをためらう大将アルジュナに対してクリシュナは戦いを勧める）。アルジュナの場合、仕事なら理解できるが、遊びは理解できない。ところがクリシュナにとっては、生がそっくり遊びだ。これほど深刻でない人間はどこにも見当たらない。生涯がそっくり、ただの遊び、ただのゲーム、ただの芝居だ。彼はすべてを楽しみ、そしてそれについて深刻にならない。すべてをあくまでも楽しみ、結果については心配しない。何がどうなろうと、どうでもいい。

クリシュナを理解するのは、アルジュナには難しい。彼はあれこれ算段する。結果からものを考える。ギータの冒頭で彼はこう言う、「これはまったく不条理だ。私の友人や親戚が両陣営に分かれ、戦おうとしている。どちらが勝とうと損失だ。私の家族や、友人や、親戚が害を受ける。たとえ私が勝ったところで、何の益があるだろう。誰にその勝利を語るのか。勝利に意味があるのは、友人や、親戚や、家族が喜ぶからだ。ところが誰もいなくなってしまう。その勝利のもとには死体がいっぱいだ。誰がほめてくれるだろう。誰が『アルジュナ、よくやった』と言ってくれるだろう。だから、勝利しようと敗北しようと、どこに意味がある。すべては不条理だ」。彼は俗世を去ろうとする。まったく深刻だ。あれこれ算段する人間は、みなまったく深刻だ。

このギータの状況設定は無類のものだ。戦争とは、もっとも深刻な出来事だ。遊びではできない。命にかかわるものだ。何百万もの人々の命にかかわる。遊んではいられない。ところがクリシュナは、それにもかかわらず遊べと言う――「結果がどうなるか考えずに、ひたすら今ここにいなさい」と。結末についての心配は無用だ。結末は神の手中にある。いや、結末が神の手中にあるかどうかはどうでもいい――大事なのは、それが自分の手中にないということだ。あなたはそれを背負っていない。背負っていたら、その生は瞑想的にならない。

この第二の技法は言う、優美な者よ、遊べ。生をそっくり遊びとする。宇宙は空っぽの貝殻、その中であなたの心は無限に戯れる。あなたの心は無限に遊び続ける。すべては、空っぽの部屋の中の、夢のようなものだ。瞑想中に心を見つめる――心の戯れを。ちょうどそれは、子供が溢れんばかりのエネルギーで、遊んだり飛び回ったりしているようなものだ。いろいろな思考が跳ねたり戯れたりしている。ただの遊びだ。それについて深刻になってはいけない。たとえ悪い思考が現れても、罪悪感を持ってはいけない。また、良い思考が現れても――たとえば、自分は人類に奉仕したい、そして全世界を変容させたい、そして地上に天国をもたらしたい云々――エゴを膨らませてはいけない……自分が偉くなったと思ってはいけない。それもまた心の戯れだ。ときには下降し、ときには上昇する。ただ、溢れるエネルギーが、いろいろな形態をとっているだけだ。心は、まさに溢れだす泉にほかならない。

遊び戯れよと、シヴァは言う。優美な者よ、遊べ。遊ぶ者の姿勢は、活動を楽しむということだ。活動それ自身に価値がある。そこに功利的な動機はない。あれこれ算段していない。たとえば商人を見てごらん。何をするにも、つねに利益を算段している――そこから何が得られるか考えている。客がひとりやって来る。でも客は人間ではない。彼からどんな利益が得られるか……。客はただの手段だ。どうやって利用するか……。奥深くで算段している。どんなふうに語り、何をするか……。相手を利用し、搾取するためにすべてを計算する。その関心は相手の人間にない。その関心は取引そのものにない。その関心はどこにもない。その関心は、ただ未来に、利益にあるのみだ。

東洋の村々では、いまだに、たとえ商人であっても、ただの利潤追究者ではない。また、客もただ物を買いにくるのではない。互いに楽しんでいる。私は祖父のことを思い出す。祖父は布屋だったが、私は首を傾げた。家中が首を傾げた。なぜなら、じつに楽しげだったからだ。何時間も客と掛合いをしている。ときには、実質十ルピーほどのものを、五十ルピーと言ったりする。それが無茶なことは自分でも知っている。客のほうも知っている……だいたい十ルピーくらいのものだろうと――。そこで客は二ルピーから始める。それからいつまでも値段の交渉をしている。何時間もだ。私の父や叔父たちは腹を立てて言う、「いったい何をやっているんだろう、始めから値段を言えばいいのに」

でも祖父には顧客がいた。顧客たちは店にやって来ると言う、「お祖父さんはどこにいる。お祖父さんが相手だと、ゲームになる、遊びになる。一ルピーや二ルピー得しようが損しようが、そんなことはどうでもいい」

互いにそれを楽しんでいた。その行為そのものが、追求するに値していた。ふたりの人間が、それを通じて触れ合っている。ふたりの人間がゲームをしている。互いにそれがゲームだと知っている。定価というものがない。

西洋では今、定価が付けられている。それは人々が計算高く、利潤指向になっているからだ。時間の無駄だというわけだ。そんなものは瞬時にかたづく。手間暇かける必要はない。正確な値段を書いておけばいい。どうして何時間も争う必要がある。ところが、そうするとゲームは失われ、すべては事務的になる。機械にだってできる。商人もいらないし、客もいらない。


こんな話がある。ひどく多忙な精神分析家がいた。あまり患者が多いので、ひとりひとりに接している暇がない。そこで彼は、それぞれの患者向けにテープを吹き込んだ。そのテープが患者に向かって、必要なことを語る。

彼には大金持ちの患者がいて、定期的に彼の診療を受けていた。あるとき、彼がホテルに入っていくと、驚いたことにロビーにその患者が座っている。そこで彼は言った、「いったいここで何をやってるんです。診療時間じゃありませんか」。患者は言った、「私も忙しいもんだから、テープに吹き込んでおきました。テープレコーダーが二台で語り合っていますよ。あなたの言うことはみな、私のテープレコーダーが録音しているし、私の言うことはみな、あなたのテープレコーダーが録音している。そうすれば時間が節約できる。それでふたりとも自由だ」

あまり計算ばかりしていると、人間は消え失せ、どんどん機械的になっていく。インドの村々では今もなお、値段交渉が続いている。それはひとつのゲームであり、楽しむに値するものだ。それは遊びだ。ふたつの知性どうしの掛合いであり、ふたりの人間の深い触合いだ。それは効率を求めるようなものではない。ゲームは、決して効率を求めはしない。ゲームの中では、あなたは時間を気にかけない。そして何が起ころうとも、起ることをその瞬間に楽しむ。遊び心は、瞑想のいちばん基本的な事柄のひとつだ。ところが私たちは事務的だ。そのように訓練されてきた。だから、瞑想しているときでも結果のほうを見ている。そして何が起ころうと、それに不満足だ。

こんなことを言いに来る人々がいる、「たしかに瞑想は成長しています。進んでいます。だんだん幸せに感じるようになり、また少しばかり静寂に、平安になりました。でも、ほかに何も起こりません」。いったい「ほかに何も」とは何か。こうした人間は、後日必ずやって来て、きっとこう言うだろう、「たしかに私は、ニルヴァーナを感じます。でも、ほかに何も起こりません。私は至福でいっぱいです。でも、ほかに何も起こりません」。「ほかに何も」とは何か。こうした人間が求めているのは、何らかの利益だ。はっきり目に見える利益を手に入れないかぎり……銀行に預けるようなものを手に入れないかぎり、満足しない。静寂や幸福は、曖昧模糊《あいまいもこ》としたものだから、所有するわけにはいかないし、他人に見せるわけにもいかない。

これは毎日のことだ。人々は私のもとに来て、「たしかに瞑想は進んでいます」と言う。ところがその顔は悲しげだ。つまり彼らは何かを期待している。商売《ビジネス》の中でさえ期待できないようなものを、瞑想の中で期待している。ビジネス・マインドが瞑想の中に入ってくる――相当に訓練されたものだ――「さて、いったい何の利益が得られるか」と。そこには遊びがない。

遊びに満ちていないかぎり、瞑想的にはなれない。要はもっともっと遊ぶことだ。もっと遊びに時間を費やしてみる。子供と遊ぶのもいい。誰もいなくても、部屋の中で跳ねたり踊ったりして、遊び、楽しむ。ところがあなたの心は絶えず言いたてる、「いったい何をやっているんだ。時間の無駄だ。そんな時間があったら、何か稼げるじゃないか。何かできるじゃないか。それなのに、跳ねたり、歌ったり、踊ったりしている。いったい何をやっているんだ。気でも狂ったか」

だから、何とか時間を見つけ、ビジネスから抜け出して遊んでごらん。何でもいい。絵を描いてもいいし、シタールを弾いてもいいし、何でもいい。でも遊びでやってみる。何の利益も、何の未来もなく、ただ現在に居る。すると、やがて内側でも遊べるようになる。自分の思考の上に乗って、それと遊べるようになる——思考をあっちに投げ、こっちに投げ、一緒に踊ったりする。ただし、そのことで深刻になってはいけない。

人間には二種類ある。ひとつは、自分の心《マインド》に関して無意識な人間だ。その種の人間は、心に何が起ころうとも、それについて無意識だ。心の中に漂うばかりで、自分がどこに連れていかれるかを知らない。

心の道筋に気づけば、あなたはきっと奇妙に思うだろう。心は連想によって動く。たとえば、通りで犬が吠える。その吠える声があなたの心に届き、そして事が始まる。この吠え声がきっかけで、ときには世界の果てまで連れていかれる。たとえば、犬を持っている友人のことを思い出す。すると犬のことは忘れ去り、その友人が心に現れる、そして、友人には妻がいて、その妻は美人だ……こうして移っていく。そして世界の果てまで達しながら、決してそれが「犬の仕業」だったとは思い出さない……決して「たんなる吠え声が自分をレールの上に乗せ、そして自分は動き出した」とは思い出さない。

みなはきっと首を傾げるだろうが、科学者は次のように言う。このレールは各個人の心の中に固定されている。もし同じ状況下で同じ犬が吠えたら、その人間は同じレール上を進む——友人、犬、その妻、美人妻……それを再び繰り返す。

現在、電極を使って、人間の脳のいろいろな実験が行なわれている。たとえば、脳のある一点に触れると、特定の記憶が出現する。突如、五歳の自分が現れ、庭で遊び、蝶を追いかけている。そしてそれに関連した全体が現れる——気持ちがいい、すべては快適だ、空気も、庭も、匂いも——こうしたすべてが、よみがえってくる。それはたんなる記憶ではない。あなたはそれを再び生きる。そして電極が引き抜かれると、その記憶は停止する。そして再びその一点に電極が触れると、同じ記憶が再開する——五歳の自分、同じ庭、同じ蝶、同じ匂い、一連の同じ出来事だ。

電極が引き抜かれると、その記憶は消え去り、また電極が当てられると、その記憶は現れる。まさに機械的に記憶しているかのようだ。いつも同じところから始まり、同じところで終わる。何度行なっても同じだ。ちょうどテープレコーダーに録音してあるようなものだ。人間の脳には何百万もの記憶がある。何百万もの細胞が記録をしている。そしてそれは、みな機械的なものだ。

人間の脳に対するこうした実験は、きわめて奇妙で、またきわめて示唆に富んでいる。脳に蓄えられた記憶は、何度も何度も再生可能だ。ある実験者は三百回試しているが、そのつど同じ記憶が現れる。つまり記録されているわけだ。そして何度も何度も実験していると、被験者のほうは、非常なとまどいを感じる。なぜなら自分が主体ではないからだ……自分ではどうしようもない。電極がその場所に触れると、その記憶が始まり、自分はそれを見せられる。この三百回の間に、彼はだんだん観照者になっていった。その記憶を見ているうちに、自分とその記憶は別物だと気づくようになった。この実験は、瞑想者にとって、きわめて有用なものとなるだろう。「マインドとは、自分を取り巻く機械的記録だ」と気づくとき、もはや自分とマインドは分離している。このマインドは触れることもできる。科学者たちは、そのうち人間に苦悩を与える中枢を切断できるようになるだろうと言う。これもまた同じことだ。触れればすべてが再生される。

私は今まで、たくさんの弟子たちを相手にいろいろな実験をしてきた。ある特定のことをすると、彼らは同じことを繰り返す――何度も何度も。それが機械的だと自分で気づかないかぎり。たとえば、妻に向かって毎週同じことを言ってみる。きっと妻は反応するだろう。七日たって、妻が忘れたころ、また同じことを言う。彼女は反応する。それを記録しておく。その反応は同じはずだ。自分も知っているし、妻も知っている……パターンは固定化し、それが続いていく。犬が吠えてもパターンは始まる――何かが刺激される。電極と同じだ。そして旅が始まる。

生活の中で遊べれば、心の内側でも遊べる。そうすればもう、テレビの画面上で何かを見ているようなものだ。自分は関っていない。ただの見物人だ。傍観者だ。それを見て、楽しめばいい。良いとか悪いとか言わない。誉めたり貶《けな》したりしない。そんなことをしたら深刻になってしまう。裸の女が画面に現れても、「これは悪い」とか「どこかの悪魔が悪戯《わるさ》をしている」などと言わない。べつに悪魔が悪戯をしているわけではない。映画のスクリーンだと思って見ていればいい。そして遊び心を持つ。その御婦人に言うのだ、「どうぞご自由に」。追い出そうとしてはいけない。追い出そうとすればするほど現れてくる。御婦人方は難しいものだ。また追いかけてもいけない。追いかけたら面倒なことになる。追いかけてもいけないし、闘ってもいけない。これが規則だ。ただ見て遊ぶ。快活に「やあ」とか「おはよう」とか声をかけ、見ていればいい。手出しは無用だ。その御婦人の好きにまかせる。そうすれば自分で去っていく。現れたときと同じように、自分から去っていく。彼女はあなたと関係ない。記憶の中にある物だ。それが何かの状況に刺激され、そこに現れたというだけだ。ただの絵だ。遊んでいればいい。もしマインドと遊べたら、マインドはすぐにも落ちる。マインドが存在できるのは、あなたが深刻なときだけだ。深刻さこそが、その連結環、その橋だ。

優美な者よ、遊べ。宇宙は空っぽの貝殻、その中であなたの心は無限に戯れる。

111 知ることと知らないことを超える

第三の技法。

愛しき者よ、
知ることと知らないこと、在ることと無いことに、瞑想する。
次いで両方を排除すれば、あなたは在る。

知ることと知らないこと、在ることと無いことに、瞑想する。つまり、生の肯定的な側面に瞑想し、そして否定的な側面に瞑想する。次いで両方を排除する。というのも、あなたはそのどちらでもないからだ。次いで両方を排除すれば、あなたは在る。

こんなふうに瞑想するのだ――子供が生まれた、自分が生まれた。自分が生まれ、そして成長し、若者となる。この成長全体に瞑想する。それから年老い、そして死ぬ。自分の生まれたそもその最初から——父親と母親によって受胎し、母親の子宮内に自分が現れた、その最初の細胞から想像を始める。そこから始め、最後の最後まで……自分の体が火葬壇の上で焼かれ、親類がまわりに立っている、そのときまでを見つめる。次いで両方を排除する。生まれた者、去った者の両方を排除し、内側を見る。そこにあなたは在る——それは決して生まれず、決して死なない。

知ることと知らないこと、在ることと無いことに、瞑想する。
次いで両方を排除すれば、あなたは在る。

その『両方』はどんなものでもいい。考えてごらん。みんなはここに座っている。私はみんなのことを見る。私はみんなを知っている。知覚している。私が目を閉じれば、みんなはいなくなる。私はみんなのことを知らない。この「私は知っている」という知識と、「私は知らない」という知識の両方を排除する。すると自分は空っぽになる。知識と反知識の両方を排除すれば、あなたは空っぽになる。

人間には二種類ある。一方の人々は知識でいっぱい、他方の人々は無知でいっぱいだ。一方の人々は「私は知っている」と言う。彼らのエゴは、自らの知識に結びついている。他方の人々は、

「私は無知だ」と言う。彼らもまた、エゴイストだ。自らの無知で満々としている。彼らいわく、「私は無知だ。私は知らない」。一方は知識と同化し、他方は無知と同化している。どちらも何かを所有している。どちらも何かを抱いている。

要はその両方を排除することだ――知ることと知らないことを……。あなたはどちらでもない。無知でもなければ、知ってもいない。肯定と否定の両方を排除すれば、いったいあなたは何者か。突然、その「何者か」が開示される。「超えたもの」、「超越したもの」がわかるようになる。肯定と否定の両方を排除すれば、あなたは空っぽになる。あなたは誰でもない。賢くも無知でもない。憎しみと愛との両方を排除すれば、友情と敵意の両方を排除すれば、対極性の両方を排除すれば、あなたは空っぽだ。

しかしマインドというものは、一方なら排除できるが、決して両方は排除できない。一方は排除できる。たとえば無知は排除できる。しかし、そうすると知識にしがみつく。痛みは排除できる。しかし、そうすると快楽にしがみつく。敵は排除できる。しかし、そうすると友にしがみつく。またその逆をする人々もいる。友を排除して敵にしがみつく。愛を排除して憎しみにしがみつく。富を排除して貧乏にしがみつく。知識や教典を排除して無知にしがみつく。こうした人々は、偉大なる世捨て人だ。世人のしがみつくものすべてを排除し、その反対物にしがみつく。しかし、しがみつきに関しては変わりない。
しがみつきこそが問題だ。しがみついたら空っぽになれない。「しがみついてはいけない」、これがこの技法の要点だ。どんな肯定にも否定にもしがみつかない。しがみつきがなければ、あなたは自分自身を見出す。あなたはそこにいる。しがみつきゆえに、あなたは隠れている。しがみつきがなければ、あなたは露出する。顕れる。あなたは爆発する。

112 内なる空間に入る

第四の技法。

支えなく、永遠で、静かな空間――その空間の中に入る。

この技法の中で、空間の三つの性質が示されている。「支えなく」、空間には何の支えもない。「永遠で」、空間に終わりはない。「静かな」、空間には音がなく、沈黙している。その空間の中に入る。それは自分の中にある。

ところがマインドは、つねに支えを求める。たとえば、人々は私のところにやってくる。そこで私が「静かに座って目を閉じなさい。何もしてはいけない」と言うと、彼らは「アヴァランバン」すなわち「支え」を求める。「何か支えになるマントラをください。私には座れません」。ただ座るのは難しい。そしてマントラをもらえば、もう大丈夫。それを繰り返していればいい。すると容易になる。

しかし、支えがあると、決して空っぽにはなれない。だからこそ容易なのだ。あなたは何かをせずにはいられない。何かをしていれば、行為者がそこにいる。何かをしていれば、あなたは充たされている。何で充たされるかといえば、オムカールとか、オームとか、ラーマ、イエス、アヴェ・マリアとかいろいろだ——とにかく、そうしたものによって充たされる。すると大丈夫だ。マインドは空《くう》に抵抗する。いつもほかの物で充たされていたい。充たされていれば、マインドは存在できる。充たされていないと、マインドは消失してしまう。空《くう》であったら、あなたは無心に到達する。だからこそ、マインドは支えを求めるのだ。

もし内なる空間に入りたいなら、支えを求めてはいけない。あらゆる支えを落とすのだ——マントラや、神や、教典や、自分に支えをもたらすものすべてを落とし、内側へと向かう。支えなしにだ。それはきっと恐ろしいだろう。怖じけづきもするだろう。自分の進むその先で、事によると自分は消え失せてしまうかもしれない。二度と戻って来られないかもしれない。あらゆる支えがなくなる。岸との接触は断たれる。いったい、この川が自分をどこへ連れていくのか、誰にもわからない。支えはなくなる。事によると無限の奈落に陥ってしまうかもしれない。

だから、あなたは恐怖にとらわれ、支えを求める。たとえそれが偽りの支えであったとしても、あなたはそれを使う。偽りの支えであっても役には立つ。マインドにとっては、支えが本物であろうと偽物であろうと関係ない。支えだと思い込めばそれでいい。自分はもうひとりではない。何かがそこにあって自分を支えてくれる……。

あるとき、男がひとり、私のところへやってきた。彼は一軒の家に住んでいたが、どうも幽霊がいるらしく、ひどく不安になった。不安のせいで、ますます幻影を見るようになった。不安のせいで病気がちになった。その妻もまた、もうこんな家には住めないと言った。子供たちは親戚の家に預けられた。

男は私のところへ来て言った、「もうほとほと困っています。はっきりこの目に見えるんです。夜になると出てきます。家中が幽霊だらけです。どうか助けてください」。そこで私は自分の写真を一枚与え、そして言った、「さあこれをあげよう。幽霊は私が退治するから、安心して眠りなさい。もう気にしなくていい。きっと退治してあげよう。任せなさい。たしかに引き受けたから、心配は無用だ。もう何もしなくていい」

翌日になると、男はやってきて言った、「よく眠れました。ほんとにいい気持ちでした。あなたは奇跡を起こします！」

私は何もしなかった。つまりは支えだ。支えがあると心は安らぐ。支えがあると心は充たされる。もはや空っぽではない。誰かがそこにいる。

普通、人々はいろいろな偽りの支えに頼っている。たしかにそれは有効だ。自分が充分に強くならないかぎり、支えは必要だ。だからこそ私は言うのだ。支えのないことこそ、究極の技法だと。

ブッダが死の床にいるとき、アーナンダは尋ねた、「あなたは行ってしまいます。私たちはどうしたらいいでしょう。どうやって達成したらいいでしょう。どうやって前進したらいいでしょう。導師がいなければ、私たちは闇の中を、何生も何生もさまようばかりです。私たちを導いてくれる人は誰もいません。光は消え去ろうとしています」

そこでブッダは言った、「それはみんなにとって善いことだ。私がいなくなったら、自分で自分の光となり、ひとりで歩むのだ。どんな支えも求めてはいけない。支えは最後の障害だ」

そして実際、そうなった。アーナンダはまだ悟りを開いていなかった。彼は四十年間ブッダのもとにいた、もっとも側近の弟子だった。まさに影のようにブッダに従い、ブッダとともに生きた。ブッダとの接触は、四十年というもっとも長いものだった。ブッダの慈悲は彼の上に降《ふ》り、彼の上に注がれた――四十年間も。しかし何も起こらなかった。アーナンダは依然、無明のままだった。ところがブッダの死んだ翌日、アーナンダは悟りを開いた。まさにその翌日だ。その支えこそが障害だったのだ。ブッダがいなくなったとき、アーナンダはもはや、何の支えも見つけることができなかった。

その状況で支えを見つけるのは難しい。ブッダとともに生きていて、そのブッダに去られてしまったら、もはや誰も支えとはなりえない。もはやしがみつくに値する者は、誰もいなくなる。ブッダにしがみついていた者は、この世ではもはや誰にもしがみつくことができない。この世全体が空虚になる。ひとたびブッダを知り、彼の愛や慈悲を知ったら、もはやそれに比べられる愛や慈悲はほかにない。いったんそれを味わったら、この世に味わうに値するものは何もなくなる。そこでアーナンダは、この四十年間で初めてひとりになった。まったくひとりになった。もはや支えを見つける術《すべ》はなかった。すでに最高の支えを知っていたから、低い支えではどうにもならない。その翌日、彼は悟りを開いた。きっと彼は内なる空間に入ったに違いない――支えなく、永遠で、静かな空間へと。

だから決して、支えを探し求めてはいけない。支えを持たないことだ。もしこの技法をやってみるならば、支えを持ってはいけない。これこそクリシュナムルティの教えていることだ、「支えを持ってはいけない。導師にしがみつくな。教典にしがみつくな。何にもしがみつくな」

また、これこそ、あらゆる導師たちの行なってきたことだ。導師は、まず弟子を引き付け、自分にしがみつくよう仕向ける。そして弟子がしがみつくようになったら、また弟子が自分に対して親密な関係を持つようになったら、そのときしがみつきを断ち切る。弟子はもはや、ほかの誰にもしがみつけなくなっている。もはや、ほかの誰かに向かうのは不可能だ。そのとき、師はしがみつきを断つ。すると弟子は突然、支えのないことを感じる。最初のうちは悲惨なものだ。きっと泣いたりわめいたりするだろう。自分の存在全体が失われたように感じるだろう。悲惨のどん底に突き落とされるだろう。でもそこから、あなたはひとりで、支えなく、立ち上がる。

支えなく、永遠で、静かな空間――その空間の中に入る。

その空間には、始めも終わりもない。そしてその空間は、絶対的に無音だ。そこには何もない。音すらもない。小波すらもない。すべてが静寂だ。

その地点はあなたの内側にある。あなたはいつでも、そこに入ることができる。支えを捨て去る勇気があれば、今この瞬間にも入れる。その扉は開いている。誰もがみな招待されている。ただ勇気が必要だ——ひとりになる勇気、空っぽになる勇気、溶け去る勇気、死ぬ勇気が。もし、自分の内側の空間に死ぬことができれば、決して死ぬことのない生に到達する。それは、アムリット、「不死」だ。

第八章

全と無は同じ

——◎質問◎——

◎

私たちの内側には誰もいないのに、なぜそれを存在と呼ぶのですか。

◎

悟りを開いた存在は、どのように決定を下すのですか。

◎

なぜ神秘家たちは、静かな場所に住むのでしょうか。

◎

なぜ意識が永遠だとわかるのですか。

◎

自分の悟りは、この世界にどう影響を及ぼしますか。

◎

◎……最初の質問

お話によると、私たちの内側には誰もおらず、ただ空虚があるばかりだということです。それならなぜ、しばしばそれを存在や、中心などと呼ぶのですか。

存在と非存在、無とすべて、そうしたものは一見反対だが、実際は同じものを意味している。すべてと無は、同じものを意味する。辞書上では反対だが、生においては反対ではない。たとえば、「私はすべての人々を愛する」というのと、「私は誰も愛さない」というのは同じ意味だ。特定の誰彼を愛して初めて、違いが現れる。すべての人々を愛するとは、誰も愛さないのと同じだ。そこに違いはない。

違いというものは、つねに程度問題であり、相対的だ。両極端には程度がない。「全」と「零」には程度がない。全を零と呼ぶこともできれば、零を全と呼ぶこともできる。だから内なる空間の呼び方は、悟った人間それぞれによって違っている。たとえば、空《くう》、シュンニャ、無、非存在、アナートマ、と呼ぶ人もいれば、絶対的存在、梵《ブラフマン》、アートマン、至高我、と呼ぶ人もいる。どちらでも同じだ。一方は肯定的で、他方は否定的だ。片やすべてを包含し、片やすべてを排除する

——そのどちらかしかない。相対的な用語では叙述できないから、絶対的な用語が必要となる。この相矛盾する両極端は、どちらも絶対的な用語だ。

ただ、悟った人間の中には、沈黙したままの人もいる。どんな用語も使わない。いったん「存在」とか「非存在」と呼んだら……その呼称はどうあれ、いったん名前や用語や言葉を与えたら、それは誤りになる。なぜなら、両方を含んでしまうからだ。

たとえば、「神は生きている」と言ったら、それは無意味だ。「神は生だ」と言っても、やはり無意味だ。もし神が生だったら、死である者は誰か。神はすべてを包含する。生と同じくらい完璧に、死をも備えている。そうでなかったら、死は誰に属すのか。もし死がほかの誰かに属し、生が神に属すとしたら、神がふたりいることになる。すると、解決不能な問題がいろいろ生じてくる。だから神は、生と死の両方であるはずだ。神は創造者と破壊者の両方であるはずだ。もし「神は創造者だ」と言ったら、では破壊者は誰か。もし「神は善だ」と言ったら、では悪は誰か。

この問題のせいで、キリスト教やゾロアスター教、その他多くの宗教は、悪魔をつくって神と並べた。さもないと、いったい悪は誰のものか——。そこで悪魔をつくった。でも何も解決されない。ただ問題を先送りするだけだ。なぜなら、誰が悪魔をつくったのか、という疑問が生じるからだ。もし神自身が悪魔をつくったとしたら、その責任は神にある。また、悪魔が独立したものであり、神に関係していなかったとしたら、悪魔は神になる——至高者になる。さらにまた、神が悪魔を創造したのでなければ、どうやって神は悪魔を破壊するのか。それは不可能だ。神学は、ひとつの問題に対して何らかの解答を与えるが、その解答がさらに多くの問題を生み出す。

たとえば、神はアダムを創造したが、アダムは悪を働いたために追放された——神に不従順だったので楽園を追放された。さて、それに関連して問題となるのは、なぜアダムが悪を働いたかだ。悪の可能性が、彼の中にあったに違いない。悪へ向かう可能性、堕落の可能性、不従順の可能性は、神によって創造されたに違いない。そういう可能性がなかったら、生来の傾向がなかったら、どうしてアダムは堕落できるだろう。神がその傾向をつくったに違いない。

さらにまた、悪へ向かう傾向が存在したとすれば、もうひとつ確かなことがある。つまり彼の場合、悪を克服する傾向があまり強くなかった……悪と闘う傾向があまり強くなかった……悪い傾向の方が強かったということだ。では、いったい誰がこの「悪に向かう強い傾向」をつくったのか。神にこそ、その責任はある。するとすべては茶番のようなものだ。神がアダムを創造する。神がアダムの中に悪い傾向をつくる。その傾向は、自分では押さえられないくらいに強い。それで彼は堕落し、罰せられる。神の方が罰せられてしかるべきだ。アダムの代わりに。

あるいは、神と並んで、別の力の存在を認めるという手もある。その別の力は、どうやら神よりも強いらしい。なぜなら、悪はアダムをそそのかすのに、神はアダムを守れないからだ。悪魔は誘惑できるのに、神は守れない。どうやら悪魔のほうが神より強いらしい。

近年アメリカに、ある教会が生まれた。サタンの教会、悪魔の教会と呼ばれるものだ。その教会には高位の聖職者がいる。ちょうどバチカンの法王のようなものだ。その教会いわく、「歴史が証するように、真の神は悪魔だ」。たしかに、それには一理ある。さらにいわく、「君たちの神、つまり善の神は、いつも負けてきた。歴史をよく見ればわかる。悪魔は、つねに勝利を収めてきた。あなたを守ってもくれない弱い神を、どうして礼拝する。強い神に従ったほうがいい。誘惑もするが、守ってもくれる。彼は強い」。現在、この悪魔の教会は成長している。その言うことにも一理ある。たしかに歴史が証明している。

こうした二元論によって神を悪から救おうとすると、いろいろな問題が生じる。だからインドでは、こうした二元論はなかった。インドでは、「神は両方だ」と言われる。創造者と破壊者、善と悪の両方だ。これを思い描くのは難しい。「神」という言葉に対し、悪を想像するのは難しい。

インド人が探ろうとしていたのは、〈存在〉の最深の神秘だ。その神秘とは、一如だ。善と悪、生と死、否定と肯定が、何らかの仕方で、どこかで出会う。その出会いの地点が、〈存在〉だ。一如だ。

その出会いの地点をどう呼んだらいいか。私たちの場合、肯定的用語を使うか、否定的用語を使うかのどちらしかない。肯定的な用語を使うとしたら、存在、神、絶対、ブラフマンなどになる。一方、否定的な用語を使うなら、ニルヴァーナ、無、シュンニャ、非存在、アナートマなどになる。両方とも同じものを示す。神は両方だ。あなたの内なる存在もまた両方だ。それゆえに私は、ときには存在と言い、ときには非存在と言う。それは両方だ。どちらで呼ぶかは、あなたしだいだ。もし肯定的な用語が好きなら、存在と呼べばいい。また否定的な用語が好きなら、非存在と呼べばいい。あなたしだいだ。どちらでも心地いいほうで呼べばいい。成熟や、成長や、進化をもたらしてくれると思えるほうで呼べばいい。

人間には二種類ある。一方は、否定性に何の親近感も持てない。他方は、肯定性に何の親近感も持てない。ブッダは否定的な部類だった。肯定性には何の親近感も持てず、否定性に親近感を持つ。それですべてに否定的な用語を使う。シャンカラは否定性に何の親近感も持てない。それで彼は、究極の真実を肯定的な用語で呼ぶ。どちらも同じことを言っている。ブッダはそれを、「シュンニャ」と呼び、シャンカラは「ブラフマン」と呼んでいる。ブッダは「空」、「無」と呼び、シャンカラは「絶対」、「すべて」と呼ぶ。どちらもまったく同じことを言っている。

シャンカラ批判の急先鋒のひとりに、ラマヌジャという人がいた。そのラマヌジャいわく、「シャンカラは隠れた仏教徒だ。彼のヒンドゥー教は見せかけで、実際はそうでない。肯定的な用語を使うせいで、ヒンドゥー教徒に見えるだけだ。ブッダが無と言うところを、彼はブラフマンと言う。それ以外はみな同じだ」。ラマヌジャによれば、シャンカラはヒンドゥー教の大破壊者だ。詭計《トリック》を使って、裏口から仏教を招じ入れている――否定的な用語の代わりに肯定的な用語を使っているだけだ。ラマヌジャはシャンカラのことを、「プラチャナ・ボーダ」つまり「隠れ仏教徒」と呼ぶ。それにも一理ある。たしかに何の違いもない。言わんとしていることは同じだ。

だからそれは人による。沈黙や無に親近感を持つ人は、その「大存在」を「空《くう》」と呼べばいい。また、それに恐怖を感じる人は、その「空」を「大存在」と呼べばいい。それによって技法も変わってくる。空や孤独や無に恐れを感じる人には、昨日私の語った四つの技法はあまり役に立たない。だから忘れればいい。そして今まで私の語ってきた技法のうちから、肯定的なものを選ぶといい。

もし、支えを捨て、空の中にひとりで入っていく勇気があったら……完全に消え去る覚悟があったら、あの四技法は途方もなく役に立つ。それは人による。

◎……第二の質問

もし悟った人間の内側が絶対的な空なら、なぜ私たちの目には、悟った人間が、何かを決定したり、区別したり、好き嫌いを示したりするように見えるのでしょう。

これは一見すると、まさに逆説的だ。もし悟った人間がただの空であるならば、私たちにとって、これは逆説となる——どうして諾《イエス》や否《ノー》が言えるだろう、どうしてこれを好みあれを嫌うことができるだろう、どうして語ることができるだろう、どうして歩くことができるだろう、そもそも、どうして生きることができるだろう。

私たちにとって、それは問題だ。でも、悟った人間にとって、それは問題ではない。すべては空《くう》からなされる。悟った人間は選んでいない。でも私たちの目には、それが選択と映る。

悟った人間は、ただ一方向へと進む——その方向は、空そのものからやってくる。

ちょうどこのようなものだ。あなたが歩いていると、突然、車がこちらへ突っ込んでくる。「事故が起こりそうだ」と直感する。そのときあなたは、何をすべきか決定したりしない。はたして決定するだろうか。どうやって決定する？　時間がないのに。決定には時間が必要だ。いろいろ比較して考える——「飛びのくには、あっちがいいか、こっちがいいか」と。そんなふうには決定しない。ただ飛びのくだけだ。その飛びのくという判断は、どこからやってくるのか。その、「飛びのき」と「あなた」との間に、思考作用はない。車がこちらに突っ込んできたと思うや、もう飛びのいている。飛びのくのが先だ。考えるのは後でいい。あなたは瞬間的に空《くう》を通じて飛びのく。あなたの存在全体が、何の決定もなく、飛びのく。

決定とは、つねに部分的だ。決して全体ではない。決定するということは、葛藤があるということだ。自分の存在の一部が「これをしろ」と言い、別の一部が「それはするな」と言う。だからこそ決定が必要なのだ。あれこれ考え決定し、そして対立する一部分を除外する。これこそが決定だ。自分の全体が賛成していれば、決定の必要はない。ほかに選択肢はない。

悟った人間は、自分の中で全体となっている。全面的な空だ。だからすべては、その全面性の中から現れる。決定によるものではない。彼が「諾《イエス》」と言うとき、それは選択ではない。それはべつに、何かに「否《ノー》」と言った結果ではない。別の選択肢はなかった。その「諾」は、彼の存在全体の応答だ。また彼が「否」と言うとき、その「否」は彼の存在全体の応答だ。だからこそ、悟った人間は決して後悔しないのだ。

あなたはいつも後悔している。たとえ何をしようと、同じことだ——何をしようと後悔する。たとえば、この女と結婚しようかどうか考える。もし「諾《イエス》」と決定すれば、きっと後悔する。また、「否《ノー》」と決定しても、きっと後悔する。どう決定しようが、決定とは部分的なものだ。ほかの部分は、つねに反対している。たとえ「よし、この女と結婚しよう」と決定しても、自分の存在の別の部分は、「いや、それはだめだ。きっと後悔する」と言う。決して全面的ではない。

そして問題が起こると……。問題は必ず起こる。ふたりの違った人間が一緒に住めば、困難が生じるのは当たり前だ。葛藤が起こり、互いに相手を支配しようとし、種々の駆け引きと闘争が生じる。すると以前に否定された部分は言う、「それごらん。だからやめとけと言ったじゃないか。それも聴かずに……」。しかし、だからといって、その部分に従っていたら後悔はなかった、という意味ではない。きっと後悔していたことだろう。たとえそれに従ったところで、別の女と結婚するだろう。すると葛藤と闘争が起こる——ほかの部分は言い張る、「だから最初の女と結婚しろと言ったじゃないか。それを聴かないもんだから、極楽を逃してしまって。ごらん、結婚した相手ときたら、まったくの地獄だ」

状況がどうであろうと、あなたは後悔する。なぜなら、その決定が全面的ではないからだ。つねにどこかの部分を否定している。するとその部分は復讐する。どんなふうに決定しようともだ。

善いことをしても後悔するし、悪いことをしても後悔する。善いことをすれば、心の別の部分が「お前は機会を逃した」と言い張る。また悪いことをすれば、きっと後ろめたく感じる。悟った存在は、決して後悔しない。実際、彼は決して後ろを見ない。見るものがない。することすべては、自らの全面性をもってなされる。

だから理解すべき第一点は、悟った人間は決して選択しないということだ。選択は彼の空《くう》に起こる。彼はまったく決定しない。とはいっても、彼が優柔不断だという意味ではない。彼は絶対的に決然としている。でもまったく決定はしない。これをよく理解することだ。その決定は彼の空の中に起こる。そうして彼の全存在はふるまう。それだけだ。それ以上には何もない。

道を歩いていて蛇に出会うと、あなたは突然飛びのく。それだけだ。決定したりしない。導師や有識者に助言を求めたりしない。道で蛇に出会ったら、「さあどうしよう、どんな技法を使おうか」などと図書館で本を調べたりしない。ただ飛びのくだけだ。その行動は、自分の全存在に由来するものだ。決定されたものではない。自分の全存在がそのようにふるまった。それだけだ。それ以上には何もない。

あなたの目には、悟った人間が、選択し、決定し、区別しているように見える。そう見えるのも、自分が絶えずそうしているからだ。あなたに理解できるのは、自分の知っているものだけだ。悟った人間は、何の決定も、何の努力も、何の選択もなしに、物事を行なう……そのようになっている。彼は無選択だ。

だからといって、彼に食物と石を差し出せば、ことによると石のほうを食べ始めるかもしれない……などということはない。ちゃんと食物のほうを食べる。それであなたの目には、彼が「石は食べない」と決定したように見える。べつに決定したわけではない。石を食べるなど、まったく馬鹿げている――そんなことは起こらない。彼は食物を食べる。それは決定ではない。石と食物のどちらを食べるか決定するなど、愚者の所業だ。

愚かな心は決定し、悟った心はただ行動する。凡庸であればあるほど、決定する際の努力は大きなものとなる。それが「悩み」の意味するものだ。

悩みとは何か。選択肢がふたつあって、どちらを採るか決定できないこと、それが悩みだ。心が絶えずあっちこっち動いて定まりのつかないこと、それが悩みだ。悩みとは、決定が必要なのに、いくら努力しても決定できないことだ。そこであなたは悩み、惑《まど》い、悪循環の中をめぐる。

悟った人間は決して悩まない。彼は全面的だ。この点をよく理解すること。彼は分かれていない。彼の中に、「二」はない。ところがあなたの中は群衆だ。「二」どころか、大勢の人間が住んでいる。いろいろな声がある。まさに群衆だ。悟った人間は深い統一だ。彼はひとつの宇宙《ユニヴァース》だ。ところがあなたの場合は、多次元宇宙《マルチヴァース》だ。このユニヴァースという言葉はすばらしい。その意味は「ひとつ」、つまり「ユニ」だ。あなたはマルチヴァースだ。あなたの中にはたくさんの世界がある。

理解すべき第二の点。あなたの場合、何をするにしても、その前に思考がある。悟った人間の場合、何をするにしても、そこに思考はない。彼はただそれをする。

そもそも、思考が必要なのは、自分に見る目がないからだ。思考は代用品だ。ちょうど盲人が杖で手探りして進むようなものだ。もし盲人が、目の見える人間に対し、「あなたはどうやって手探りするのか、どんな杖を使っているのか」と尋ねたりすれば、私たちはただ笑う。そしてきっとこう言う、「そんな必要はない。ちゃんと目がある。目で見れば、どこに扉があるかわかる。手探りする必要はない。どこに扉があるかなんて、決して考えたりしない。目で扉を見て、ただ通っていくだけだ」。でも盲人にはそれが信じられない。扉をただ通っていくなんて、信じられない。盲人は、まず扉のありかを考える。まず人に尋ねる。誰かがそこにいたら、扉がどこにあるか尋ねる。そしてそれを教えてもらったとしても、そこに向かって杖で手探りして行くことになる。それでもまだ、落し穴がいくつあるかもわからない。目があれば、外に出たいときには、ただ見るだけだ。べつに扉がどこにあるか考えもしなければ、決定もしない。ただ目で見れば、扉はそこにあり、そこを通るだけだ。決して「これは扉だ」などと考えない。ただ扉を使うだけだ。行動するだけだ。

悟っていない心と、悟った心についても、状況は同じだ。悟った心はただ見るだけだ。すべては明晰だ。彼のもとには明晰さがある。彼の存在全体が光だ。ただまわりを見回し、進むだけ、行動するだけだ。決して考えはしない。あなたは考える。目がないからだ。考えるのは盲人だけだ。目がないから考えるほかない。目の代用が必要だ。思考がその代用となる。

私は決して、ブッダや、マハヴィーラや、イエスのことを、「偉大な思想家だ」とは言わない。そんな表現はまったくのたわごとだ。決して思想家などではない。彼らは智者であって、思想家ではない。彼らには目があり、見ることができる。その見ることを通じて行動する。ブッダから現れるものは、すべて空《くう》から現れるものだ。決して思考に満ちた心からではなく、空っぽの空《そら》から現れたものだ。それは空《くう》の応答だ。

私たちにはなかなか理解できない。何かが空から現れることがないからだ。私たちはまず考える。もし誰かに質問されたら、それについて考える。また、たとえ考えたところで、自分の答えが本当に答えなのか、まったく定かでない。ブッダは答える。考えはしない。質問されれば、空《くう》がただ応答する。その応答は、思考されたものではない。それは全面的な応答だ。彼の存在がそのようにふるまうのだ。

だからブッダに対しては、一貫性を求めることはできない。それは無理だ。思考なら一貫しているだろう。思想家なら、必ず一貫しているだろう。ところが悟った人間には、決して一貫性がない。一瞬ごとに状況は変わる。そして一瞬ごとに、彼の空から何かが現れる。彼は思案できない。考えることができない。また、昨日言ったことをよく覚えていない。質問のたびに、新たな答えが現れる。質問のたびに、新たな応答が現れる。質問者にあわせてだ。

ブッダが、とある村へ入る。ある男が「神はいますか」と尋ねる。ブッダは「いない」と言う。午後になって、別の男が「神はいますか」と尋ねる。ブッダは「いる」と言う。そして夕方になって、また別の男が「神はいますか」と尋ねる。ブッダは沈黙したままだ。一日の間に、朝は「いない」、午後は「いる」、夕方は沈黙だ。「いない」、「いる」、「知らない」というわけだ。

弟子のアーナンダは怪訝に思った。三度とも耳にしていたからだ。夜になって皆が下がってから、彼はブッダに尋ねた、「お聞きしていいですか。今日一日のうちに、同じ質問に三度お答えになりましたが、それぞれ違っているばかりでなく、矛盾してさえいます。いったいどういうことでしょう。お答えをいただかないと眠れません。どういう意味でしょう。朝には『いる』と言って、午後には『いない』と言い、夕方には沈黙でした……質問はみな同じだったのに」

ブッダは言った、「質問者が違っていた。質問者が違うのに、どうしてその質問が同じと言えよう」。これはじつにすばらしい。きわめて深遠だ。ブッダいわく、「質問者が違うのに、どうして同じ質問ができるだろう。ひとつの質問は、ひとつの存在者から生まれ出る。その存在が違っていれば、どうして質問が同じになるだろう。朝、私が『いる』と答えたとき、質問している男は無神論者だった。彼が私のところへやって来たのは、神がいないと私に言ってもらいたかったのだ。でも私は、彼の無神論を支持するわけにはいかない。彼はその無神論のせいで苦しんでいる。彼の苦悩に加担するわけにはいかない。私は彼を助けたかった。それで、『神は存在する』と言った。彼のいわゆる無神論を破壊しようとしたのだ。午後になってやって来た男は、有神論者だった。そしてその有神論で苦しんでいた。だから私には『いる』と言えなかった、もしそう言ったら、それを支持することになる。彼がやって来たのは、支持を得るためだった。私が『いる』と言ったら、家に帰ってみなに言うだろう、『私の言っていたとおりだ。ブッダもそう言っている』。でも彼は間違っている。間違ったままでは、助けようがない。だから私は、彼の現状を破壊し、その心を砕くため、『いない』と言った」

「そして、夕方にやって来た男は、そのどちらでもなかった。単純無垢な男で、何の支持も求めていなかった。主義主張というものがない。真に宗教的な人間だった。私には沈黙しかなかった。私は彼に言った、『その質問については沈黙しなさい。それについて考えてはいけない』。もし私が『いる』と言ったら、それは間違いだ――彼は有神論を求めにやって来たのではない。また、『いない』と言ったら、それも間違いだ――彼は無神論の支持を求めていたわけではない。彼の関心は、思想や、理論や、教条といったものにはなかった。真に宗教的な人間だった。どうしてそんな人間の前で、言葉を発せられるだろう。沈黙しかなかった。彼はその沈黙を理解した。そして去っていった。彼の宗教性は、それによって深まった」

ブッダの言う第一点はこうだった。三人の人間が同じ質問をすることはない。その表現は同じかもしれない。でもそれは別問題だ。三人ともに、神は存在するかと尋ねた。表現は同じでも、その質問が出てきた大本の存在はまったく違っている。それぞれに、その言葉の意味が違っている。それぞれに、その言葉に対する価値や連想が違っている。

こんな話を思い出す。ある日の夕方、ムラ・ナスルディンが家に帰ってきた。彼は一日じゅうサッカーの試合に行っていた。ファンだったのだ。夕方になって家に帰ってくると、妻は新聞を読んでいた。妻は言った、「ねえあなた、こんな話が出てるわよ。ある男がね、奥さんと引き替えに、サッカーのシーズン券を手に入れたんだって。あなたもファンでしょ、熱狂的な。でもまさかそんなことはしないわよね。する？　私とサッカーのシーズン券を取り替えるなんて」ナスルディンは懸命に考えた、それから言った、「するわけないさ。馬鹿みたいじゃないか、犯罪行為だよ。シーズンは半分終わってるんだから」

ものの意味合いは人によって変わってくる。同じ言葉を使おうとも、使っている人間が違うと、同じ言葉も変わってくる。

さて、ブッダの言った第二点は、さらに重要なことだ。ブッダいわく、「アーナンダ、なぜ気にかける。あなたは当事者ではない。だから聴く必要はない。その答えはあなた向けのものではない。だから関心を持ってはいけない。さもないと気違いになる。もう私のそばにいなくていい。私はいろいろな種類の人々を相手にする。もしあなたが、自分に関係ないことをいちいち聴いていたら、きっと混乱して頭がおかしくなる。だから私のもとを去りなさい。もしそれがいやなら、いいかい、自分に言われたときだけ聴くことだ。それ以外はだめだ。私が何を言おうと、あなたの知ったことではない。それはあなたに向けて言ったことではない。またその質問も、まったくあなたの質問ではなかった。だったら何を心配する。あなたは関係ない。誰かの質問に、別の誰かが答えただけのことだ。あなたが心配する必要はまったくない。もし同じ質問をしたかったら、ちゃんと尋ねなさい。そうすれば答えよう。でも覚えておくことだ、私の答えは、質問に向けてではなく、質問者に向けたものだ。私は応答する。私は相手を見る、相手を見通す。相手は透明になる。そして私の応答が現れる――質問はどうでもいい。質問者こそが大切だ」

悟った人間に一貫性を求めてはいけない。一貫していられるのは、悟っていない人間、無智な人間だけだ。そういう人間は相手を見ない。ただ一定の観念に従うだけだ。死んだ観念を持ち運んでいる……一貫して持ち運んでいる。一生涯、何かを持ち運び、それに対して一貫している。愚かだからこそ、一貫していられる。そんな人間は生きていない。死んでいる。生きているものは、一貫していられない。しかし、だからといって、誤っているわけではない。生きているものは一貫している――深いところで……表面的にではなく。

ブッダは、三つの答えを通じて一貫している。ただし、その一貫性は、答えの中にあるのではない。その一貫性は、手助けしようという努力の中にある。彼は最初の男を助けようとしたし、二番目の男を助けようとしたし、三番目の男を助けようとした。その三人を通じて、彼のもとには慈悲があり、愛があった。彼は三人を助けようとした。そこに彼の一貫性がある。それは深い底流だ。その言葉は違っている……答えは違っている。でも、その慈悲は同じだ。

だから、悟った人間が答えるとき、その答えは、彼の空《くう》の、彼の存在の、全面的な応答だ。彼はあなたにこだまを返す。彼はあなたを反映する。彼は鏡だ。彼には自分の顔がない。あなたの顔が彼のハートに映される。だから愚者がブッダに会いに行けば、そこに見えるのは愚者だ――ブッダはただの鏡だ。そしてその人間はきっと噂をふりまくだろう――「あのブッダは愚者だ」と。でも、彼がブッダの中に見たものは自分自身だ。また、繊細で、理解力があり、成熟し、大人になった人間がやって来れば、ブッダの中にまた別のものが見えるだろう。彼の見るものは自分自身の顔だ。それが道理だ――それ以外にはない。まったく空になった人間は、相手を映すだけだ。そして人々がブッダに対して抱く印象や意見は、すべて自分の解釈だ。

だから古い教典の中ではこう言われている。「悟った人間のもとに来たら、すっかり沈黙することだ。考えてはいけない、さもないと彼に出会う機会を逃してしまう」。ひたすら沈黙を守り、何も考えてはいけない。彼を吸収するのだ。決して、頭で彼のことを理解しようとしてはいけない。彼を吸収し、彼を飲み、自分の全存在を彼に向かって開く。彼が自分の中に入ってくるにまかせる。彼について考えてはいけない。もし考えたら、自分の心が反響《こだま》して返ってくるだけだ。

自分の全存在を、彼の存在に浴させる。そうして初めて、今ここで自分の接触している相手が、どういう種類の存在か、どういう種類の現象か、うかがうことができる。

大勢の人々がブッダたちのもとへやって来る。人々は来ては去る。そして自分自身の意見を抱き、それを広めていく。稀に、ごく少数の人々だけが理解する——それも当然のことだ。人は自分自身に即してしか理解できない。溶け、変化し、変容する用意があって初めて、悟った人間とは何か、悟った存在とは何か、理解できる。

◎…………第三の質問

お話によれば、騒音や邪魔は外的なものではなく、自分自身の心やエゴのせいだとのことです。だとしたら、なぜ聖者や神秘家たちは、騒音もなく、群衆もいないところに住んでいるのでしょうか。

それは、彼らがまだ聖者や神秘家ではないからだ。彼らはまだ努力している、修行している。まだ探求者であり、シッダ、「達成者」ではない。だから騒音や群衆が邪魔になる——群衆に交わると、群衆の水準まで戻ってしまう。彼らはまだ弱い。だから保護が必要だ。まだ自信がない。まだ誘惑の中に入ることができない。だから彼らの場合、孤独の中で自分自身を守り、そこで成長し、強くなる必要がある。いったん強くなれば、もう問題はない。マハヴィーラは荒野へ入った。十二年間、ひとりで沈黙していた。誰とも語らず、村や町にも行かなかった。そして悟って俗世に戻った。ブッダも六年間まったく沈黙していた。それから俗世へ戻った。イエスにしても、モハメッドにしてもだ。誰でも成長途上のときには、保護された環境を必要とする。成長してしまえば、もう問題はない。

だから、群衆を恐れる神秘家がいたとしたら、それは彼がまだ子供だということ、成長途上だということだ。そうでなかったら、なぜ神秘家が群衆の中に入るのを恐れるのか。相手が何であれ、神秘家はまったく平気だ――群衆であろうと、騒音であろうと、俗世であろうと、俗世的な物事であろうと。まわりがみな狂っていても、彼には何でもない。まったく超然としている。自分の空《くう》のおもむくまま、どこへでも行けるし、どこでも生きられる。

でも最初のうちは、ひとりでいるといい。調和のとれた自然な環境に身を置くといい。ただ、勘違いしてはいけない。いくらボンベイのように騒々しいところにいるからといって、自分は神秘家だとか、もう成長は終了したとか、シッダになったとか考えてはいけない。成長したいと思うなら、あなたもまた一定期間、孤独の中へ入ってみることだ。群衆を抜け出し、世間のしがらみや世間の雑事を抜け出し、ひとりになれるような場所、他人に煩《わずら》わされないような場所へ行くことだ。

現状では煩わされたとしても、いったん強くなれば、いったん内なる力を得れば、いったん結晶化し、もはや誰にも内的中心を破壊されなくなれば、どこへでも行けるようになる。そうなれば、世界のどこへ行ってもひとりだ。どこへ行っても荒野だ。静かな空間が自分につき従う。自己の内なる静寂を周囲にめぐらすことができる。だから、どこへ行こうとも静寂の中だ。その静寂の中には、誰も入《はい》れない。その静寂は、どんな騒音にも邪魔されない。

その結晶化が起こらないかぎりは、必ず煩《わずら》わされる——知ると知らざるとにかかわらず。実際、あまりに煩わされているため、自分でそれと気づかない。あなたは煩いに慣れっこになっている。あらゆる神経が苛立ち、絶えず煩わされているせいで、もはやそれを感じなくなっている。煩いを感じるためには、煩いのない一時《ひととき》が必要だ。そうでないと比べられない。ところが、あなたは絶えず煩わされている。それに慣れっこになっている。慢性になっている。それが人生だと思っている。

だから、しばらくヒマラヤに行ってみるのもいいだろう。僻遠《へきえん》の村や森へ行ってみるのもいいだろう。そしてひとりで数日間、沈黙を守ってみる——あたかも全人類が消失したかのように。そうしてボンベイに戻ってくる。そうすれば、自分を取り巻いていた煩いがわかるだろう——比較することができる。僻遠の地で味わった内なる音楽が、すっかり台なしになる。探求者にとって、それは良いことだ。しかしシッダにとっては、どうでもいい。

さてここに二種類の誤った人間がいる。第一の種類は、「あなたが煩わされているのだ、周囲は関係ない」と人に言われると、その場所にとどまってしまう。孤独へ入って静寂の一瞥を得る代わりに、ずっとそこにとどまり、そして、「自分を煩わすものはない。問題なのは自分であって、周囲ではない。だから自分はここにとどまる」と言う。実際には煩わされているのに、頭で合理化してしまう。

二番目の誤った種類の人間はこうだ。「孤独に入って、沈黙してごらん。きっと役に立つ」と人に言われると、孤独に入っていくが、二度と戻ってこない。孤独に耽溺してしまう。すると永遠に弱いままだ。俗世に帰るのが怖くなる。こうなると、その孤独は助けにならない。かえって妨げとなる。それによって、強くなるかわりに弱くなる。もはや世間に戻れなくなってしまう。どちらも間違っている。

第三の種類こそが、正しい道だ。最初のうちは、「自分は環境によって煩わされている」とよく承知している。だからときどき、その環境から外へ出るよう努める。そして、外に出て達成した静寂なり何なりを自分の環境に持ち帰り、それを保持するよう努める。自分の環境の中でそれを保持できて初めて、理論は実体験となる。そうすれば、「自分を煩わすものは何もない」とわかる。そうすれば、「究極的には、自分こそが、煩わされたり、煩わされなかったりするのだ」とわかる。

でもそれを自分の体験とすることだ。理論だけだったら何の役にも立たない。

◎…………第四の質問

宇宙的意識を認識することと、体を超越することは、同じことだと思うのですが、はたして智者たちは、「この宇宙的意識は永遠であって、体の死後も継続する」ということを、どうやって確実に知るのでしょうか。

第一に、彼らはそんなことに無頓着だ。それが継続するかなどと心配はしない。心配しているのは、あなたのほうだ。彼らは次の瞬間のことなど考えない。来世のことなどまったくどうでもいい。明日のことさえ、次の瞬間さえ、気にしてはいない。未来について尋ねるのは、いつもあなただ。なぜか。それはあなたの現在が、まったく空虚だからだ。あなたの現在はまったくの無だ。あなたの現在はまったく腐っている。自分の現在がまったくの苦悩であるからこそ、未来のこと、極楽のこと、来世のことを考えていないと、とてもやりきれない。今ここに何の生もないから、心を未来へと投げかける。それはこの現在からの逃避でしかない――この醜悪な現在からの逃避だ。
悟った者は今ここにいる。全面的に生きている。起こりうるものは、みなすでに起こっている。彼に未来はない。死が自分を殺そうが殺すまいが、彼にとってはまったくどうでもいい。どちらにしても同じことだ。消失しようが、継続しようが、何の変わりもない。この瞬間があくまでも豊かだから、絶対的に豊かだから……この瞬間があくまでも強烈だから、彼の全存在は、今ここにある。

アーナンダはブッダに何度も何度も尋ねる、「あなたの体が死んだら、あなたには何が起こりますか」。するとブッダは何度も何度も言ってきかせる、「アーナンダ、なぜ未来のことをそんなに心配する。なぜ私を見ない――今、何が起こっているかを」。しかし数日すると、また彼は尋ねる、「悟った人間の場合、その体が死ぬとどうなりますか」。じつのところ、彼は自分のことを心配している、恐れている。自分でもわかっている――「体というものは、死んだら生き返る可能性はない。ずっと生き続けるのは不可能だ。でも自分は、まだどこにも到達していない。光は消えたままだ。ずっと不毛なままだ。もし、何も達成せぬまま死が起こったら、自分はただ消え失せるだけだ。するとすべては無意味になる。すべての苦悩は無意味になる――何にもならない」。そこで彼は心配になった。体が死んだ後に、何が生き残るのか知りたい。でもブッダは言う、「私は今ここにいる。未来に何が起こるかなど、まったくどうでもいい」

だから第一点。彼にとって、そんなことはどうでもいい。悟った者のしるしのひとつは、未来に対する無頓着だ。


そして第二点。あなたは「どのように確実に知るか」と質問している。知識はつねに確実だ。確実性は知識にもともと備わっている。たとえば、あなたの頭が痛いとき、「頭が痛いなんて、どうして確実にわかる」と聞けるだろうか。あなたはきっと「私にはわかる」と言うだろう。それに対して、「あなたはわかると言うが、それが確実に正しいと、どうしてわかる」と聞く人は誰もいない。馬鹿げている。頭が痛いときには痛いのだ——自分にはわかる。知識は、もともと確実だ。悟った人間は、自分が悟っていることを知っている。自分は体ではないと知っている。自分の内側は広大な空間だと知っている。空間は死なない。物は死んでも、空間は死なない。

この部屋のことを考えてごらん。この建物なら、この「ウッドランド・ビル」なら壊せるだろう。でも、この部屋の空間は壊せない。違うだろうか。壁なら壊せるが、私たちの座っているこの空間はどうか。壁なら壊せるが、どうしてこの部屋が壊せるだろう——壁ではなく、この空間をだ。「ウッドランド」全体は消え去っても——いずれ必ず消え去るだろう——この空間はそのまだ。あなたの体は消え去る。ところがあなたは内なる空間を知らない。だからこそ恐がり、それを確実に知りたがるのだ。悟った人間は、自分が空間だということ、壁ではなく内なる空間だということを知っている。いつか壁は落ちる。今までにも何度となく落ちてきた。でも内なる空間は残る。それは証拠を必要とするものではない。それは彼の直接的な知識だ。彼はそれを知っている——それだけだ。知識はもともとから確実なものだ。

もしあなたの知識が確実でなかったら、それは知識ではないということだ。私のもとにこんなことを言いに来る人々がいる、「私の瞑想はたいへんうまくいっています。それでとても幸福です」。それから突然、私に聞く、「どう思いますか。その幸福は本物でしょうか。私は本当に幸福なのでしょうか」。それを私に聞くのだ。つまり自分の幸福が確かでない。いったい何という種類の知識か。それはたんなる装いでしかない。でも、ごまかそうとしても無駄だ。彼らは幸福でありたいと考え、願い、望んでいる。ところが実際は幸福でない。そうでなかったら、なぜ私に聞く必要があるだろう。私は決して、自分が幸福かどうか、他人に聞いたりしない。なぜそんな必要があるだろう。幸福ならば幸福なのだ。幸福でなければ幸福ではない。また、どこの誰がそんな証明をくれるだろう。もし自分自身が目撃者でなかったら、ほかのどこに目撃者がいるだろう、また、どうして他人が目撃者になれるだろう。

そこで私はときどき、戯れに言ったりする、「そうだ、あなたはじつに幸福だ。途方もなく幸福だ」。すると彼らはもっと幸福になる――ただその言葉を聞いただけで。また、ときにはこんなふうにも言う、「いいや。そんなふうには見えない。何の兆候もない。あなたは幸福ではない。ただの夢だ」。すると彼らは落ち込む。その幸福は消え去り、そして悲しくなる。いったい何という種類の幸福か――「あなたは幸福だ」と言えば膨らみ、「あなたは幸福ではない」と言えば消え去ってしまう。つまり彼らは、ただ幸福になろうと努めているだけだ。実際には幸福ではない。それは知識ではなく、ただの願望だ。そして自分自身をだませると思っている。「自分は幸福だ」と考え、信じ、その証拠を求め、外から証明書をもらえば、幸福を生み出せると思っている。そんなに簡単ではない。

内なる世界に何かが起きるときには、自分でわかる。べつに証明書はいらない。人の承認を求めるのは子供じみている。それはつまり、幸福を願っているが、まだ到達していないという意味だ。彼はまだ知らない、まだそれは彼に起こっていない。

悟った人間は、つねに確実だ。その「確実」は、絶対的に確かだという「確実」だ。どこかに不確実さがあって、それに対して確実だという意味ではない。彼はただ確実だ。不確実の存在する余地がない。たとえば私は生きている。はたして私は確信をもって、自分が生きていると言えるだろうか。それについて確実だろうか。そこに疑問の余地はない。その確実性には疑問の余地がない。それは絶対的に確実だ。それは判断するものではない。私は生きている。

ソクラテスが死のうとしていたとき、誰かが尋ねた、「ソクラテス、あなたは死ぬというのに、まったく平気で、楽しそうですね。どうしてですか。怖くないのですか」。するとソクラテスは、とてもすばらしいことを言った、「私の死んだ後に可能なことは、ふたつしかない。私がいるか、いなくなるかのどちらかだ。もしいなくなるとしたら、もはや何の問題もない。『私はいない』と知る者が誰もいないのだからね。すべてはただ消え去るだけだ。また、もし私がいたら、やはり何の問題もない。私はいるわけだから——。可能性はふたつだけだ。私がいるか、いないか。そのどちらでもいい。もしいれば、すべては継続する。もしいなければ、それを知る者はいない。だったら何を心配する」

彼は悟った人間ではなかった。非常に賢い人間だった。賢い人間と、悟った人間との違いはここにある。賢い人間は、深く考える……すべてを知的に洞察して、結論に至る。ソクラテスは非常に賢い人間だ。彼いわく、「可能性はふたつだ」——死という現象を論理的に考究している——「可能性はふたつだ。消え去っていなくなるか、このまま存在するかだ。ほかに可能性は存在するか。いや、存在しない」。そこでソクラテスいわく、「私は両方について考えてみた。もしこのままだったら、べつに心配することはない。また、もしいなくなったら心配する者もいなくなる。

だから今、心配する必要がどこにある。これからどうなるか見てみるだけだ」

彼は知らない。これからどうなるか知らない。でもそれについて賢明に考えた。彼はブッダではない。およそこの世でもっとも鋭い知性だ。たとえ悟っていなくとも、賢明になることができれば……。悟りは智恵でも無知でもなく、その二元性を超えたところにある。悟っていなくとも賢明になれたら、くつろぎが感じられる。賢明になれたら、大きな安らぎが感じられる。

タントラやヨガにとって、智恵は最終目標ではない。タントラやヨガが目指すのは、〈至上の地点〉だ。その地点では、智恵と無知はともに超越される。その地点では、人は考えることなく、ただ知る。その地点では、人はただ見て、わかる。

◎……………最後の質問

私はもちろん悟りたいと思います。でも、もしそうなったら、この世界はいったいどう変わるでしょう。

なぜあなたは、この世界のことを心配するのか。世界の心配は世界にまかせておけばいい。また、あなたはいっこうに「もし自分が悟らなかったら、この世界はどうなるか」と心配していない。もしあなたが悟らなかったら、この世界はいったいどうなるか。あなたは不幸を生み出す。意識的に不幸を生み出しているわけではなく、あなたこそが「不幸」なのだ。だから何をしようとも、あなたは不幸の種をまわりじゅうに播き散らす。あなたの望みには意味がない。あなたの存在こそが重要だ。自分では他人を助けているつもりでも、実際のところあなたは邪魔している。自分では愛しているつもりでも、実際には相手を殺しているかもしれない。自分では教えているつもりでも、実際にはそれによって相手を永久に無知にしているかもしれない。あなたの願い、あなたの望み、あなたの考えは重要でない。あなたの在様《ありよう》こそが重要だ。

私は毎日そこらじゅうで目にしているが、人々は互いに愛し合いながら、互いに殺し合っている。自分では愛しているつもりでいるし、相手のために生きているつもりでいるし、自分なしでは、家族や恋人や子供や妻や夫が不幸になるだろうと思っている、ところが実際は、その当人がいるからこそ不幸がある。そして、努力していろいろやってみるが、何をやってもおかしくなる。それは当たり前だ。自分がおかしいからだ。行為はさほど重要でない。行為の大本となる存在こそが重要だ。悟っていない人間は、この世界を地獄にするばかりだ。もうすでにそうなっている。これこそ、あなたをめぐる現実だ。あなたの触れるところ、どこでも地獄が出現する。

悟っていれば、何をしようとも、何を言おうとも、あるいは何もしなくとも、その存在が助けとなって、人は開花し、幸福になり、至福に満ちる。

しかし、まだそれはいい。まずは、いかにして悟るかということだ。「私はもちろん、悟りたいと思います」とあなたは言う。でもその思いは、どうやらまったく無力のようだ。というのも、すぐにあなたは「でも」と言う。そもそも「でも」が現れるということは、その欲求が無力だということだ。「この世界は、いったいどう変わるでしょう」だって？　あなたはいったい何者だ。自分のことを何だと思っている。この世界は、あなたしだいなのか。あなたが世界を主宰しているのか。運営しているのか。あなたが責任者なのか。なぜ自分のことをそんなに重要だと思う。

この感覚はエゴの一部だ。また、他人のことをこのように心配していたら、智の頂点には到達できない。すべての心配を落として初めて、智の頂点にも到達できる。ところが、あなたときたら、心配の蓄積にかけては達人だ。まったく見事なものだ。自分の心配ばかりでなく、他人の心配までも蓄積していく――まるで自分のだけでは充分でないかのようだ。いつもあなたは他人について考えているが、いったいあなたに何ができる。心配をどんどん蓄め込んでいって、気違いになるのが落ちだ。

ウェーベル卿の日記が出版されている。ウェーベル卿というのは、かつてのインド総督だが、どうやらたいへん誠実で正直な人間であるらしい。ときどき、じつにいいことを言っている。その日記の中で、彼はこう語る、「ガンディー、ジナー（パキスタンの建国者）、チャーチル、この三人の老人が死なないかぎり、インドの苦悩は続くだろう」。この三人、ガンディー、ジナー、チャーチル……。ところがこの三人はインドのために八方手を尽くしたのだ！　そのチャーチルの下のインド総督が日記に書いている、「この三人の人間が……」。しかも願いを込めて、年齢まで記入している、「ガンディー・七五歳」——早く死んでほしいという願いを込めて——「ジナー・六五歳、チャーチル・六八歳」。彼は願っている、「早くこの三人が……」。なぜならこの三人こそが問題だからだ。まさかガンディーも、自分こそが問題だとは夢にも思っていないだろう。ジナーも、チャーチルもだ。三人とも、この国の問題を解決しようと最善を尽くしている。ところがウェーベルによれば、この三人こそが問題だ。なぜなら三人とも頑固一徹だからだ。この三人はそれぞれに、自分こそが絶対的に正しく、ほかのふたりは絶対的に間違っていると思っている。この三人の絶対者は、互いにまみえることがない。自分以外の二人はまったく間違っている——それについては疑問の余地がない……。

　誰もがそう考えている。自分こそ世界の中心であり、自分こそ世界全体の心配をすべき人間だ、そして世界全体を変え、世界全体を変容させ、ユートピアを生み出すのだ——と。

でも、あなたにできることは自分自身を変えることだけだ。世界は変えられない。変えようとすれば、かえって災いとなり、害となり、混乱を引き起すばかりだ。すでに世界は、混乱をきわめている。それをさらに混乱させてしまう。

だから世界はそのままにしておけばいい。あなたにできることはただひとつ、内なる静寂、内なる至福、内なる光明を達成することだ。もしそれを達成したら、世界に対する大きな助けとなる。無知な一点を悟りの炎へと変えること、ひとりの人間を闇から光明へと変えること、それは世界の一部を変えることだ。そしてその変化した部分から、ひとつの連鎖反応が生じる。ブッダは死んでいない。イエスは死んでいない。死ぬということはありえない。連鎖反応があるからだ。ひとつのランプから、ひとつの炎から、別の炎が点《とも》る。そうして後継者が現れる。それがどんどん続いていく。

光明のない人間、自分のランプに火の点っていない人間は、他人を助けられない。だから一番の基本は、自分の内なる炎を達成することだ。そうしたら他人と分かち合うことができる――他人に光を点してあげられる。それが伝授となる。そうしたら、たとえ自分が体から消え去ろうとも、その炎は手から手へ伝わっていく。永遠に至るまで伝わっていく。ブッダたちは決して死なない。悟った人々は決して死なない。その光明が連鎖反応となるからだ。悟っていない人々は、決して生きない。何の連鎖も生じないからだ。彼らには、分かつべき光明もなく、他人に点してやれる炎もない。

だから自分の心配だけすればいい。自己中心的になるのだ。そうして初めて、あなたは無自己になれる。そうして初めて、世界の助け、世界の祝福となれる。でも、それについては心配しなくていい。それはあなたに関係ないことだ。心配すればするほど責任は大きくなる。責任が大きくなればなるほど、自分が偉く思える。いや、偉くなどない。気が狂っているだけだ。他人を助けようとする狂気は早く捨てて、ただ自分自身を助けることだ。できることはそれしかない。

すると、いろいろなことが起こる。でもそれは成り行きとして起こることだ。いったん自分が光明の源泉となれば、いろいろなことが起こってくる。きっと多くの人々が、それを分かち合うだろう。きっと多くの人々が、それを通じて悟るだろう。きっと多くの人々が、それを通じて生に到達するだろう――より大きな生に、潤沢な生に。

でもそれについて考えてはいけない。それについては何も意識的には行なえない。できることはただひとつ、自分がもっと意識的になることだ。そうすれば、すべてが後に続いて起こる。

イエスはどこかで言っている、「まず最初に神の王国に入りなさい。まず最初に神の王国を探し求めなさい。そうすれば、ほかのすべてはあなたに付け加わるだろう」

私もそれを繰り返そう。

VIGYAN
BHAIRAV
TANTRA

タントラ秘法の書　第十巻

空の哲学

ヴィギャン・バイラヴ・タントラ

1998年5月6日　初　版　第1刷発行
2016年10月21日　改装版　第1刷発行

講　話／OSHO
翻　訳／スワミ・アドヴァイト・パルヴァ（田中ぱるば）
照　校／スワミ・デヴァ・ナラヤン
カバーデザイン／スワミ・アドヴァイト・タブダール
発行者／マ・ギャン・パトラ

発行所 ■ 市民出版社
〒168-0071
東京都杉並区高井戸西2-12-20
電　話 03-3333-9384
FAX 03-3334-7289
郵便振替口座：00170-4-763105
e-mail：info@shimin.com
http://www.shimin.com

印刷所 ■ シナノ印刷株式会社

Printed in Japan
ISBN978-4-88178-257-6 C0010 ¥2200E

付　録

●著者（OSHO）について

OSHOの説くことは、個人レベルの探求から、今日の社会が直面している社会的あるいは政治的な最も緊急な問題の全般に及び、分類の域を越えています。彼の本は著述されたものではなく、さまざまな国から訪れた聴き手に向けて、即興でなされた講話のオーディオやビデオの記録から書き起こされたものです。

OSHOは、「私はあなたがただけに向けて話しているのではない、将来の世代に向けても話しているのだ」と語ります。OSHOはロンドンの「サンデー・タイムス」によって『二十世紀をつくった千人』の一人として、また米国の作家トム・ロビンスによって『イエス・キリスト以来、最も危険な人物』として評されています。

また、インドのサンデーミッドデイ誌はガンジー、ネルー、ブッダと共に、インドの運命を変えた十人の人物に選んでいます。

OSHOは自らのワークについて、自分の役割は新しい人類が誕生するための状況をつくることだと語っています。彼はしばしば、この新しい人類を「ゾルバ・ザ・ブッダ」——ギリシャ人ゾルバの世俗的な享楽と、ゴータマ・ブッダの沈黙の静穏さの両方を享受できる存在として描き出します。

OSHOのワークのあらゆる側面を糸のように貫いて流れるものは、東洋の時を越えた英知と、西洋の科学技術の最高の可能性を包含する展望です。

OSHOはまた、内なる変容の科学への革命的な寄与——加速する現代生活を踏まえた瞑想へのアプローチによっても知られています。その独特な「活動的瞑想法《アクティブメディテーション》」は、まず心身に溜まった緊張を解放することによって、思考から自由でリラックスした瞑想の境地を、より容易に体験できるよう構成されています。

●より詳しい情報については　http:// **www.osho.com**　をご覧下さい。

多国語による総合的なウェブ・サイトで、ＯＳＨＯの書籍、雑誌、オーディオやビデオによるＯＳＨＯの講話、英語とヒンディー語のＯＳＨＯライブラリーのテキストアーカイブやＯＳＨＯ瞑想の広範囲な情報を含んでいます。

ＯＳＨＯマルチバーシティのプログラムスケジュールと、ＯＳＨＯインターナショナル・メディテーションリゾートについての情報が見つかります。

●ウェブサイト

http://.osho.com/resort

http://.osho.com/AllAboutOSHO

http://.osho.com/shop

http://www.youtube.com/OSHO

http://www.oshobytes.blogspot.com

http://www.Twitter.com/OSHOtimes

http://www.facebook.com/pages/OSHO.International

http://www.flickr.com/photos/oshointernational

◆問い合わせ　Osho International Foundation ; www.osho.com/oshointernational,
oshointernational@oshointernational.com

●OSHOインターナショナル・メディテーション・リゾート

場所：インドのムンバイから百マイル（約百六十キロ）東南に位置する、発展する近代都市プネーにあるOSHOインターナショナル・メディテーション・リゾートは、通常とはちょっと異なる保養地です。すばらしい並木のある住宅区域の中にあり、四十エーカーを超える壮大な庭園が広がっています。

特徴：メディテーション・リゾートは、毎年百を超える国々からの数千人もの人々を迎え入れています。特徴ある敷地内では、新しい生き方（より気づきを、くつろぎを、お祝いを、創造性をもたらすこと）を直接、個人的に体験するための機会を提供しています。一日中、そして年間を通じて多種多様なプログラムが利用できます。何もせず、ただくつろいでいることもその選択肢の一つです！

すべてのプログラムは、OSHOのヴィジョン「ゾルバ・ザ・ブッダ」――日々の生活に創造的に参加することと、沈黙と瞑想にくつろいでいられる両方の質を持った新しい種類の人間――に基づいています。

瞑想：あらゆるタイプの人々を対象としたスケジュールが一日中組まれています。それには、活動的であったり、そうでなかったり、伝統的であったり、画期的であったりする技法、そして特にOSHOの活動的《アクティブ》な瞑想が含まれています。瞑想は、世界最大の瞑想ホールにちがいない、OSHOオーディトリアムで行なわれます。

マルチバーシティー：個人セッション、各種のコース、ワークショップがあり、それらは創造的芸術からホリスティック健康管理、個人的な変容、人間関係や人生の移り変わり、瞑想としての仕事、秘教的科学、そしてスポーツやレクリエーションに対する禅的アプローチなど、あらゆるものが網羅されています。マルチバーシティーの成功の秘密は、すべてのプログラムが瞑想と結びついているという事実にあります。そして、人間として私達が、部分部分の総和よりもはるかに大きな存在であるということの理解を促します。

バショウ（芭蕉）・スパ：快適なバショウ・スパは、木々と熱帯植物に囲まれた、ゆったりできる屋外水泳プールを提供しています。独特のスタイルを持った、ゆったりしたジャグジー、サウナ、ジム、テニスコート……そのとても魅力的で美しい環境が、すべてをより快適なものにしています。

料理：多様で異なった食事の場所では、おいしい西洋やアジアの、そしてインドの菜食料理を提供しています。それらのほとんどは、特別に瞑想リゾートのために有機栽培されたものです。パンとケーキは、リゾート内のベーカリーで焼かれています。

ナイトライフ：夜のイベントはたくさんあり、その一番人気はダンスです。その他には、夜の星々の下での満月の日の瞑想、バラエティーショー、音楽演奏、そして毎日の瞑想が含まれています。

あるいは、プラザ・カフェでただ人々と会って楽しむこともできるし、このおとぎ話のような環境にある庭園の、夜の静けさの中で散歩もできます。

設備：基本的な必需品のすべてと洗面用具類は、「ガレリア」で買うことができます。「マルチメディア・ギャラリー」では、OSHOのあらゆるメディア関係の品物が売られています。また銀行、旅行代理店、そしてインターネットカフェもあります。ショッピング好きな方には、プネーはあらゆる選択肢を与えてくれます。伝統的で民族的なインド製品から、すべての世界的ブランドのお店まであります。

宿泊：OSHOゲストハウスの上品な部屋に宿泊する選択もできますし、より長期の滞在には、住み込みで働くプログラム・パッケージの一つを選べます。さらに、多種多様な近隣のホテルや便利なアパートもあります。

www.osho.com/meditationresort

日本各地の主な OSHO 瞑想センター

OSHO に関する情報をさらに知りたい方、実際に瞑想を体験してみたい方は、お近くの OSHO 瞑想センターにお問い合わせ下さい。

参考までに、各地の主な OSHO 瞑想センターを記載しました。尚、活動内容は各センターによって異なりますので、詳しいことは直接お確かめ下さい。

◆東京◆

・**OSHO サクシン瞑想センター**　Tel & Fax 03-5382-4734
マ・ギャン・パトラ　〒 167-0042　東京都杉並区西荻北 1-7-19
e-mail osho@sakshin.com　http://www.sakshin.com

・**OSHO ジャパン瞑想センター**
マ・デヴァ・アヌパ　Tel 03-3701-3139
〒 158-0081　東京都世田谷区深沢 5-15-17

◆大阪、兵庫◆

・**OSHO ナンディゴーシャインフォメーションセンター**
スワミ・アナンド・ビルー　Tel & Fax 0669-74-6663
〒 537-0013　大阪府大阪市東成区大今里南 1-2-15 J&K マンション 302

・**OSHO インスティテュート・フォー・トランスフォーメーション**
マ・ジーヴァン・シャンティ、スワミ・サティヤム・アートマラーマ
〒 655-0014　兵庫県神戸市垂水区大町 2-6-B-143
e-mail j-shanti@titan.ocn.ne.jp　Tel & Fax 078-705-2807

・**OSHO マイトリー瞑想センター**　Tel & Fax 078-412-4883
スワミ・デヴァ・ヴィジェイ
〒 658-0000　兵庫県神戸市東灘区北町 4- 4-12 A-17
e-mail mysticunion@mbn.nifty.com　http://mystic.main.jp

・**OSHO ターラ瞑想センター**　Tel 090-1226-2461
マ・アトモ・アティモダ
〒 662-0018　兵庫県西宮市甲陽園山王町 2- 46　パインウッド

・**OSHO インスティテュート・フォー・セイクリッド・ムーヴメンツ・ジャパン**
スワミ・アナンド・プラヴァン
〒 662-0018　兵庫県西宮市甲陽園山王町 2- 46　パインウッド
Tel & Fax 0798-73-1143　http://homepage3.nifty.com/MRG/

・**OSHO オーシャニック・インスティテュート** Tel 0797-71-7630
スワミ・アナンド・ラーマ　〒 665-0051　兵庫県宝塚市高司 1-8-37-301
e-mail oceanic@pop01.odn.ne.jp

◆愛知◆

・**OSHO 庵瞑想センター** Tel & Fax 0565-63-2758
スワミ・サット・プレム 〒 444-2326 愛知県豊田市国谷町柳ヶ入２番
e-mail satprem@docomo.ne.jp

・**OSHO イベントセンター** Tel & Fax 052-702-4128
マ・サンボーディ・ハリマ
〒 465-0058 愛知県名古屋市名東区貴船 2-501-301
e-mail: dancingbuddha@magic.odn.ne.jp

◆その他◆

・**OSHO チャンパインフォメーションセンター** Tel & Fax 011-614-7398
マ・プレム・ウシャ 〒 064-0951 北海道札幌市中央区宮の森一条 7-1-10-703
e-mail ushausha@lapis.plala.or.jp
http:www11.plala.or.jp/premusha/champa/index.html

・**OSHO インフォメーションセンター** Tel & Fax 0263-46-1403
マ・プレム・ソナ 〒 390-0317 長野県松本市洞 665-1
e-mail sona@mub.biglobe.ne.jp

・**OSHO インフォメーションセンター** Tel & Fax 0761-43-1523
スワミ・デヴァ・スッコ 〒 923-0000 石川県小松市佐美町申 227

・**OSHO インフォメーションセンター広島** Tel 082-842-5829
スワミ・ナロパ、マ・ブーティ 〒 739-1733 広島県広島市安佐北区口田南 9-7-31
e-mail prembhuti@blue.ocn.ne.jp http://now.ohah.net/goldenflower

・**OSHO フレグランス瞑想センター** Tel & Fax 0846-22-3522
スワミ・ディークシャント、マ・デヴァ・ヨーコ
〒 725-0023 広島県竹原市田ノ浦３丁目 5-6
e-mail: info@osho-fragrance.com http://www.osho-fragrance.com

・**OSHO ウツサヴァ・インフォメーションセンター** Tel 0974-62-3814
マ・ニルグーノ 〒 878-0005 大分県竹田市大字挟田 2025
e-mail: light@jp.bigplanet.com http://homepage1.nifty.com/UTSAVA

・**OSHO インフォメーションセンター沖縄** Tel & Fax 098-862-9878
マ・アトモ・ビブーティ、スワミ・アナンド・バグワット
〒 900-0013 沖縄県那覇市牧志 1-3-34 シティパル K302
e-mail: vibhuti1210@gmail.com http://www.osho- okinawa.jimdo.com

◆インド・プネー◆

OSHO インターナショナル・メディテーション・リゾート
Osho International Meditation Resort
17 Koregaon Park Pune 411001 (MS) INDIA
Tel 91-20-4019999 Fax 91-20-4019990
http://www.osho.com
e-mail : oshointernational@oshointernational.com

＜OSHO 既刊書籍＞ ■価格は全て税別です。

探求

奇跡の探求Ⅰ，Ⅱ ― 内的探求とチャクラの神秘

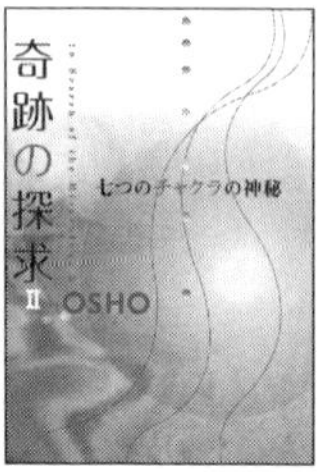

内的探求と変容のプロセスを秘教的領域にまで奥深く踏み込み、説き明かしていく。Ⅱは七つのチャクラと七身体の神秘を語る驚くべき書。男女のエネルギーの性質、クンダリーニ、タントラ等について、洞察に次ぐ洞察が全編を貫く。

＜内容＞ ●道行く瞑想者の成熟 ●シャクティパット・生体電気の神秘
●クンダリーニ・超越の法則 ●タントラの秘法的側面 他

第Ⅰ巻■四六判上製 488頁 ¥2,800（税別） 送料¥390

改装版第Ⅱ巻■四六判並製 488頁 ¥2,450（税別） 送料¥390

死ぬこと 生きること

― 死の怖れを超える真実

OSHO自身の幽体離脱の体験や、過去生への理解と対応、死におけるエネルギーの実際の変化など、「死」の実体に具体的にせまり、死と生の神秘を濃密に次々と解き明かしていく。OSHOの力強さ溢れる初期講話録。

＜内容＞● 生を知らずは死なり ● 秘教の科学
● 真如の修行 ●究極の自由 他

四六判並製 448頁 2,350円（税別）送料390円

究極の錬金術Ⅰ,Ⅱ

― 自己礼拝 ウパニシャッドを語る

苦悩し続ける人間存在の核に迫り、意識の覚醒を常に促し導く炎のような若きOSHO。探求者との質疑応答の中でも、単なる解説ではない時を超えた真実の深みと秘儀が、まさに現前に立ち顕われる壮大な講話録。

＜内容＞●宇宙に消え去る ●光、生命、そして愛
●意志か、明け渡しか ●無欲であること 他

四六判並製Ⅰ：592頁 2,880円（税別）送料390円
Ⅱ：544頁 2,800円（税別）送料390円

インナージャーニー

― 内なる旅・自己探求のガイド

マインド（思考）、ハート、そして生エネルギーの中枢である臍という身体の三つのセンターへの働きかけを、心理・肉体の両面から説き明かしていく自己探求のガイド。頭だけで生きて根なし草になってしまった現代人に誘う、根源への気づきと愛の開花への旅。

＜内容＞●身体――最初のステップ ●ハートを調える
●信も不信もなく ●真の知識 他

四六判並製 304頁 2,200円（税別）送料390円

新瞑想法入門 ― OSHOの瞑想法集大成

禅、密教、ヨーガ、タントラ、スーフィなどの古来の瞑想法から、現代人のために編み出されたOSHO独自の方法まで、わかりやすく解説。技法の説明の他にも、瞑想の本質や原理、探求者からの質問にも的確な道を指し示す。真理を求める人々必携の書。

＜内容＞●瞑想とは何か ●初心者への提案
●覚醒のための強烈な技法
● 自由へのガイドライン 他

A5判並製 520頁 3,280円（税別）送料390円

■ 隠された神秘 ― 秘宝の在処 ―

寺院や巡礼の聖地の科学や本来の意味、占星術の真の目的、神聖なるものとの調和など、いまや覆われてしまった古代からの秘儀や知識を説き明かし、究極の超意識への理解を喚起する貴重な書。 四六判上製 304頁 2,600円（税別）送料390円

■ 探求の詩（うた） ― インドの四大マスターの一人、ゴラクの瞑想の礎

神秘家詩人ゴラクの探求の道。忘れられたダイヤの原石がOSHOによって蘇り、途方もない美と多彩な輝きを放ち始める。小さく窮屈な生が壊れ、あなたは初めて大海と出会う。

四六判並製 608頁 2,500円（税別）送料390円

■ グレート・チャレンジ ― 超越への対話 ―

知られざるイエスの生涯、変容の技法、輪廻について等、多岐に渡る覚者から探求者への、興味深い内面へのメッセージ。和尚自身が前世の死と再誕生について語る。未知なるものへの探求を喚起する珠玉の一冊。 四六判上製 382頁 2,600円（税別）送料390円

＜OSHO 既刊書籍＞ ■価格は全て税別です。

質疑応答

炎の伝承 I，II ― ウルグアイでの珠玉の質疑応答録

内容の濃さで定評のあるウルグアイでの講話。ひとりの目覚めた人は、全世界を目覚めさせることができる。あたかも炎の灯された１本のロウソクが、その光を失うことなく数多くのロウソクに火を灯せるように……緊迫した状況での質問に答えながら聴衆を内なる深淵へと導き、言葉を超えた真実の問いかけを開示する。

＜内容＞●純粋な意識は決して狂わない　●それが熟した時ハートは開く
●仏陀の鍋の中のスパイス　●変化は生の法則だ　他

■各四六判並製　各 496 頁　各 2,450 円（税別）　各送料 390 円

神秘家

愛の道 ― カビールの講話初邦訳

儀式や偶像に捉われず、ハートで生きた神秘家詩人カビールが、現代の覚者・OSHO と溶け合い、響き合う。機織りの仕事を生涯愛し、存在への深い感謝と明け渡しから自然な生を謳ったカビールの講話、初邦訳。「愛が秘密の鍵だ。愛は神の扉を開ける。笑い、愛し、生き生きとしていなさい――OSHO」

＜内容＞ ●愛はマスター・キー ●ここまでは順調だ
●宗教は個人的な開花だ　他

A5 判並製　360 頁　2,380 円（税別）送料 390 円

神秘家の道 ― 覚者が明かす秘教的真理

少人数の探求者のもとで親密に語られた、珠玉の質疑応答録。次々に明かされる秘教的真理、光明の具体的な体験、催眠の意義と過去生への洞察、また、常に真実を追求していた子供時代のエピソードなども合わせ、広大で多岐に渡る内容を、縦横無尽に語り尽くす。

＜内容＞●ハートから旅を始めなさい ●妥協した瞬間、
真理は死ぬ ●瞑想は宗教の中の革命だ　他

四六判並製　896 頁　3,580 円（税別）　送料 390 円

永久の哲学 I，II ― ピュタゴラスの黄金詩

偉大なる数学者ピュタゴラスが見出した永久哲学における究極の法を説き明かす。奇跡や物質化現象、菜食と輪廻転生の関係、過去生、進化論、そして癒しの力など、さまざまな精神霊性の領域を渉猟しながら、ピュタゴラス哲学の精髄である「中庸の錬金術」に迫る。

＜内容＞●完全な満足の芳香 ●天に唾するなかれ
●出会うまで神はいない ●現実への逃避　他

四六判並製 I：408 頁　2,400 円（税別）送料 390 円
II：456 頁　2,460 円（税別）送料 390 円

アティーシャの知恵の書（上）（下） ― あふれる愛と慈悲・みじめさから至福へ

みじめさを吸収した途端、それは至福に変容される……「これは慈悲の技法だ。あなたの苦しみを吸収し、あなたの祝福を注ぎなさい。 いったんあなたがそれを知るなら、人生には後悔がない。人生は天の恵み、祝福だ」――（本文より）

＜内容＞●世界からの追放　●内的錬金術の大学　他

（上）四六判並製　608 頁　2,480 円（税別）　送料 390 円
（下）四六判並製　450 頁　2,380 円（税別）　送料 390 円

ガイド瞑想 CD 付 OSHO 講話録

こころでからだの声を聴く ― ボディマインドバランシング

OSHO が語る実際的身体論。最も身近で未知なる宇宙「身体」について、多彩な角度からその神秘と英知を語り尽くす。そして、緊張・ストレス・不眠・肩こり・加齢・断食など、人々から寄せられる様々な質問に、ひとつひとつ具体的な対処法を呈示する。（ガイド瞑想 CD "Talking to your Body and Mind" 付）

A5 判変型並製　256 頁　2,400 円（税別）送料 390 円

ヨーガ

魂のヨーガ ― パタンジャリのヨーガスートラ

「ヨーガとは、内側へ転じることだ。それは百八十度の方向転換だ。未来へも向かわず、過去へも向かわないとき、あなたは自分自身の内側へ向かう。パタンジャリはまるで科学者のように人間の絶対的な心の法則、真実を明らかにする方法論を、段階的に導き出した――OSHO」

＜内容＞●ヨーガの純粋性 ●苦悩の原因 ●実践と離欲
●内側にいしずえを定める　他

四六判並製 408 頁　2,400 円（税別）送料 390 円

発売 （株）市民出版社 www.shimin.com
TEL. 03-3333-9384
FAX. 03-3334-7289

神秘家 **エンライトメント** ●アシュタバクラの講話	インド古代の12才の覚者・アシュタバクラと比類なき弟子・帝王ジャナクとの対話を題材に、技法なき気づきの道についてOSHOが語る。 ■ A5判並製／504頁／2,800円 〒390円
ラスト・モーニング・スター ●女性覚者ダヤに関する講話	過去と未来の幻想を断ち切り、今この瞬間から生きること――。スピリチュアルな旅への愛と勇気、究極なるものとの最終的な融合を語りながら時を超え死をも超える「永遠」への扉を開く。 ■ 四六判並製／568頁／2,800円 〒390円
シャワリング・ウィズアウト・クラウズ ●女性覚者サハジョの詩	光明を得た女性神秘家サハジョの、「愛の詩」について語られた講話。女性が光明を得る道、女性と男性のエゴの違いや、落とし穴に光を当てる。 ■ 四六判並製／496頁／2,600円 〒390円
禅 **禅宣言** ●OSHO最後の講話	「自分がブッダであることを覚えておくように――サマサティ」この言葉を最後に、OSHOはすべての講話の幕を降ろした。禅を全く新しい視点で捉え、人類の未来に向けた新しい地平を拓く。 ■ 四六判上製／496頁／2,880円 〒390円
無水無月 ●ノーウォーター・ノームーン	禅に関する10の講話集。光明を得た尼僧千代能、白隠、一休などをテーマにした、OSHOならではの卓越した禅への理解とユニークな解釈。OSHOの禅スティック、目覚めへの一撃。 ■ 四六判上製／448頁／2,650円 〒390円
そして花々は降りそそぐ ●パラドックスの妙味・11の禅講話	初期OSHOが語る11の禅講話シリーズ。「たとえ死が迫っていても、師を興奮させるのは不可能だ。彼を驚かせることはできない。完全に開かれた瞬間に彼は生きる」――OSHO ■ 四六判並製／456頁／2,500円 〒390円
インド **私の愛するインド** ●輝ける黄金の断章	光明を得た神秘家や音楽のマスターたちや類まれな詩などの宝庫インド。真の人間性を探求する人々に、永遠への扉であるインドの魅惑に満ちたヴィジョンを、多面的に語る。 ■ A4判変型上製／264頁／2,800円 〒390円
タントラ **サラハの歌** ●タントラ・ヴィジョン 新装版	タントラの祖師・サラハを語る。聡明な若者サラハは仏教修行僧となった後、世俗の女性覚者に導かれ光明を得た。サラハが国王のために唄った40の詩を題材に語るタントラの神髄！ ■四六判並製／480頁／2,500円〒390円
タントラの変容 ●タントラ・ヴィジョン 2	光明を得た女性と暮らしたタントリカ、サラハの経文を題材に語る瞑想と愛の道。恋人や夫婦の問題等、探求者からの質問の核を掘り下げ、内的成長の鍵を明確に語る。 ■ 四六判並製／480頁／2,500円 〒390円
スーフィ **ユニオ・ミスティカ** ●スーフィ、悟りの道	イスラム神秘主義、スーフィズムの真髄を示すハキーム・サナイの「真理の花園」を題材に、OSHOが語る愛の道。「この本は書かれたものではない。彼方からの、神からの贈り物だ」OSHO ■ 四六判並製／488頁／2,480円 〒390円
ユダヤ **死のアート** ●ユダヤ神秘主義の講話	生を理解した者は、死を受け入れ歓迎する。その人は一瞬一瞬に死に、一瞬一瞬に蘇る。死と生の神秘を解き明かしながら生をいかに強烈に、トータルに生ききるかを余すところなく語る。 ■四六判並製／416頁／2,400円 〒390円
書 簡 **知恵の種子** ●ヒンディ語初期書簡集	OSHOが親密な筆調で綴る120通の手紙。列車での旅行中の様子や四季折々の風景、日々の小さな出来事から自己覚醒、愛、至福へと導いていく。講話とはひと味違った感覚で編まれた書簡集。 ■ A5判変型上製／288頁／2,300円 〒320円

数秘&タロット&その他

■ **わたしを自由にする数秘**―本当の自分に還るパーソナルガイド／著／マ・プレム・マンガラ
<内なる子どもとつながる新しい数秘> 誕生日で知る幼年期のトラウマからの解放と自由。 同じ行動パターンを繰り返す理由に気づき、あなた自身を解放する数の真実。無意識のパターンから自由になるガイドブック。 A5判並製 384頁 2,600円（税別）送料 390円

■ **直感のタロット**―人間関係に光をもたらす実践ガイド／著／マ・プレム・マンガラ
<クロウリー トートタロット使用 ※タロットカードは別売 > 意識と気づきを高め、自分の直感を通してカードを学べる完全ガイド本。初心者にも、正確で洞察に満ちたタロット・リーディングができます。 A5判並製 368頁 2,600円（税別）送料 390円

■ **和尚との至高の瞬間**―著／マ・プレム・マニーシャ
OSHO の講話の質問者としても著名なマニーシャの書き下ろし邦訳版。常に OSHO と共に過ごした興味深い日々を真摯に綴る。 四六判並製 256頁 1,900円（税別）送料 320円

OSHO TIMES 日本語版 バックナンバー

※尚、Osho Times バックナンバーの詳細は、www.shimin.com でご覧になれます。
(バックナンバーは東京神田・書泉グランデに揃っています。) ●1冊／¥1,280（税別）／送料 ¥260

	内容紹介		
vol.2	独り在ること	vol.3	恐れとは何か
vol.4	幸せでないのは何故？	vol.5	成功の秘訣
vol.6	真の自由	vol.7	エゴを見つめる
vol.8	創造的な生	vol.9	健康と幸福
vol.10	混乱から新たなドアが開く	vol.11	時間から永遠へ
vol.12	日々を禅に暮らす	vol.13	真の豊かさ
vol.14	バランスを取る	vol.15	優雅に生きる
vol.16	ハートを信頼する	vol.17	自分自身を祝う
vol.18	癒しとは何か	vol.19	くつろぎのアート
vol.20	創造性とは何か	vol.21	自由に生きていますか
vol.22	葛藤を超える	vol.23	真のヨーガ
vol.24	誕生、死、再生	vol.25	瞑想―存在への歓喜
vol.26	受容―あるがままの世界	vol.27	覚者のサイコロジー
vol.28	恐れの根源	vol.29	信頼の美
vol.30	変化が訪れる時	vol.31	あなた自身の主人で在りなさい
vol.32	祝祭―エネルギーの変容	vol.33	眠れない夜には
vol.34	感受性を高める	vol.35	すべては瞑想
vol.36	最大の勇気	vol.37	感謝
vol.38	観照こそが瞑想だ	vol.39	内なる静けさ
vol.40	自分自身を超える	vol.41	危機に目覚める
vol.42	ストップ！気づきを高める技法	vol.43	罪悪感の根を断つ
vol.44	自分自身を愛すること	vol.45	愛する生の創造
vol.46	ボディラブ―からだを愛すること	vol.47	新しい始まりのとき
vol.48	死―最大の虚構	vol.49	内なる平和―暴力のルーツとは
vol.50	生は音楽だ ●内なる音楽 ●覚醒の舞踏 ●あなた自身の生を創造しなさい 他		
vol.51	情熱への扉 ●愛を知る ●喜びに飛び込みなさい ●瞑想として働くこと 他		

●OSHO Times 1冊／¥1,280（税別）／送料 ¥260
■郵便振替口座：00170-4-763105
■口座名／（株）市民出版社 TEL／03-3333-9384

・代金引換郵便（要手数料¥300）の場合、商品到着時に支払。
・郵便振替、現金書留の場合、代金を前もって送金して下さい。

発売／(株)市民出版社
www.shimin.com
TEL.03-3333-9384
FAX.03-3334-7289

< OSHO 瞑想 CD >

■価格は全て税別です。

ダイナミック瞑想

全５ステージ 60分

◆デューター

¥2,913（税別）

生命エネルギーの浄化をもたらすOSHOの瞑想法の中で最も代表的な技法。混沌とした呼吸とカタルシス、フゥッ！というスーフィーの真言《マントラ》を、自分の中にとどこおっているエネルギーが全く残ることのないところまで、行なう。

ナーダブラーマ瞑想

全３ステージ 60分

◆デューター

¥2,913（税別）

宇宙と調和して脈打つ、ヒーリング効果の高いハミングメディテーション。脳を活性化し、あらゆる神経繊維をきれいにし、癒しの効果をもたらすチベットの古い瞑想法の一つ。

ナタラジ瞑想

全３ステージ 65分

◆デューター

¥2,913（税別）

自我としての「あなた」が踊りのなかに溶け去るトータルなダンスの瞑想。第１ステージは目を閉じ、40分間とりつかれたように踊る。第２ステージは目を閉じたまま横たわり動かずにいる。最後の５分間、踊り楽しむ。

グリシャンカール瞑想

全４ステージ 60分

◆デューター

¥2,913（税別）

呼吸を使って第三の目に働きかける、各15分４ステージの瞑想法。第一ステージで正しい呼吸が行われることで、血液の中に増加形成される二酸化炭素がまるでエベレスト山の山頂にいるかのごとく感じられる。

チャクラ サウンド瞑想

全２ステージ 60分

◆カルネッシュ

¥2,913（税別）

７つのチャクラに目覚め、内なる静寂をもたらすサウンドのメソッド。各々のチャクラで音を感じ、チャクラのまさに中心でその音が振動するように声を出すことにより、チャクラにより敏感になっていく。

チャクラ ブリージング瞑想

全２ステージ 60分

◆カマール

¥2,913（税別）

７つのチャクラを活性化させる強力なブリージングメソッド。７つのチャクラに意識的になるためのテクニック。身体全体を使い、１つ１つのチャクラに深く速い呼吸をしていく。

ノーディメンション瞑想

全３ステージ 60分

◆シルス&シャストロ

¥2,913（税別）

グルジェフとスーフィのムーヴメントを発展させたセンタリングのメソッド。この瞑想は旋回《ワーリング》瞑想の準備となるだけでなく、センタリング《中心を定める》のための踊りでもある。３つのステージからなり、一連の動作と旋回、沈黙へと続く。

クンダリーニ瞑想

全４ステージ 60分

◆デューター

¥2,913（税別）

未知なるエネルギーの上昇と内なる静寂、目醒めのメソッド。OSHOによって考案された瞑想の中でも、ダイナミックと並んで多くの人が取り組んでいる活動的瞑想法。通常は夕方、日没時に行なわれる。

ワーリング瞑想

全２ステージ 60分

◆デューター

¥2,913（税別）

内なる存在が中心で全身が動く車輪になったかのように旋回し、徐々に速度を上げていく。体が自ずと倒れたらうつ伏せになり、大地に溶け込むのを感じる。旋回を通して内なる中心を見出し変容をもたらす瞑想法。

ナーダ　ヒマラヤ

全３曲 50分28秒

◆デューター

¥2,622（税別）

ヒマラヤに流れる白い雲のように優しく深い響きが聴く人を内側からヒーリングする。チベッタンベル、ボウル、チャイム、山の小川の自然音。音が自分の中に響くのを感じながら、音と一緒にソフトにハミングする瞑想。

＜ヒーリング音楽CD＞

■価格は全て税別です。

クリスタル・チャクラ・ヒーリング

全6曲
61分03秒

◆ワドゥダ／プラサナ＆ザ・ミステリー

¥2,622（税別）

虹色に鳴り渡るクリスタルボウル独特の穏やかな響きが、七つのチャクラの目覚めと活性化を促す、ヒーリングパワー・サウンド。まさにいま目の前で鳴っているようなライブ感が印象的。クリスタル・ボウルは、欧米では医療にも使われています。

ハートの光彩

全8曲
61分

◆デューター

¥2,622（税別）

デューターが久々に贈るハートワールド。繊細で、不動なる信頼のような質をもったくつろぎが、ゆっくりと心を満たしていく。

使われる楽器と共に曲ごとにシーンががらりと変わり、様々な世界が映し出される。

マッサージのための音楽

全6曲
69分

◆デューター・カマール・パリジャット・チンマヤ

¥2,622（税別）

マッサージはもちろん、レイキや各種ボディワーク、ヒーリングなど、どのワークにも使える、くつろぎのための音楽。ヒーリング音楽で活躍するアーティストたちの名曲が奏でる究極のリラックスサウンドが、深い癒しをお届けします。

チベット遥かなり

全6曲
55分51秒

◆ギュートー僧院の詠唱（チャント）

¥2,622（税別）

パワフルでスピリチュアルな、チベット僧たちによるチャンティング。真言の持つエネルギーと、僧たちの厳粛で深みのある音声は、音の領域を超えて、魂の奥深くを揺さぶる。チベット密教の迫力と真髄を感じさせる貴重な1枚。

ブッダ・ガーデン

全10曲
64分12秒

◆パリジャット

¥2,622（税別）

パリジャットの意味は＜夜香るジャスミンの花＞──彼の生み出す音楽は、優しく香り、リスナーを春のような暖かさで包み込みます。秀曲ぞろいのこのアルバムの、高まるメロディーとくつろぎの谷間が、比類なき安らぎのスペースへ導きます。

ジプシー・ハート

全9曲
60分06秒

◆アシーク

¥2,622（税別）

ロシアのヴァイオリン奏者・アシークの、美しく風に舞うようなリズムカルな世界。ジプシーとは自由の代名詞。かつての名曲の数々が、より熟成した表情をもって、さわやかにハートの中心部へと送り込まれる。

アートマ・バクティ－魂の祈り

全3曲
66分47秒

◆マニッシュ・ヴィヤス

¥2,622（税別）

魂の中核に向かって、インドの時間を超えた調べが波のように寄せては返す。空間を自在に鳴り渡るインドの竹笛・バンスリの響きと、寄り添うように歌われるマントラの祈り。催眠的で、エクスタティックな音の香りが漂う。

ドリーム・タイム

全6曲
53分

◆デューター

¥2,622（税別）

時間の世界から永遠への扉を開けるヒーリング音楽の巨匠・デューターが、夢とうつつの境界を溶かす一枚の妙薬を生み出した。有名な荘子の「夢の中の蝶が私か、夢見ている者が私か」という不思議な感覚が音として再現されたような世界。

最愛の庭

／ガーデン　オブ　ザ　ビラブド

全14曲
59分01秒

¥2,913（税別）

言葉を超えて、愛をもって捧げられた、リラクゼーションと瞑想のための音楽。一つひとつの楽曲が、ハートの庭にピュアな音の花を咲かせていく。内なる美を音にした、錬金術的な神秘を感じさせる名盤。

壱万人の仏陀

／テン　サウザンド　ブッダ

全11曲
58分19秒

¥2,913（税別）

壱万人のハートがひとつに溶けて、妙なるハーモニーが生まれる。シタール、タブラ、ベル、竹笛などの壮麗なしらべが、意識の深淵に響きわたる。静寂と至福が訪れるエクスタティックな瞑想音楽。

※送料／CD1枚¥260　2枚¥320　3枚以上無料

＜レイキ、ヨガ音楽CD＞

■価格は全て ¥2,622（税別）です。

レイキ・ヒーリング・サイレンス
全 8 曲
63 分 52 秒

◆デューター

微細なスペースに分け入る音の微粒子――ピアノ、シンセサイザーに、琴や尺八といった和楽器も取り入れて、デューターの静謐なる癒しの世界は、より深みを加えて登場。透きとおった、えも言われぬ沈黙の世界を築きあげる。

レイキ・ヒーリング ハンド
全5曲
50分7秒

◆アヌヴィダ＆ニック・ティンダル

心に浸みわたるやわらかいキボエハープの響きと波の音、チベッタンベルが織りなすやすらぎの世界。ハートチャクラの活性化をもたらすヒーリングサウンドの超人気盤。音のゆりかごに揺られ、無垢なる魂へと帰る。

レイキ・ハーモニー
全5曲
60分07秒

◆テリー・オールドフィールド

ゆるやかな旋律を奏でる竹笛の風に乗って宇宙エネルギーの海に船を出す。時間から解き放たれた旋律が、ボディと感情のバランスを呼び戻す。レイキや各種ボディワーク、またはメディテーションにも最適な一枚。

レイキ・ヒーリング ウェイブ
全10曲
64分38秒

◆パリジャット

聖らかで宝石のような音の数々、ピアノ、ギター、キーボードなどが実に自然に調和。繊細な意識レベルまで癒され、レイキワークはもちろん、ヒーリングサウンドとしても最良質なアルバム。

レイキ・ホエールソング
全7曲
65分9秒

◆カマール

深海のロマン、クジラの鳴き声とフルート、シンセサイザーなどのネイチャーソング。心に残る深海の巨鯨たちの鳴き声が、レイキのヒーリングエネルギーをサポートするアンビエントミュージック。

レイキ・ハンズ オブ ライト
全6曲
61分20秒

◆デューター

肉体、マインド、魂の自己浄化を促し、直観や自分自身のハイアーセルフに働きかけ、深い内面の世界に導く浮遊感覚サウンド。宇宙エネルギーに満ちた音の波にゆらぎながら、生まれたままの「自然」にゆっくりと還る。

レイキ ウェルネス
全7曲
68分33秒

◆デューター、アヌガマ、カマール

限りないやさしさの海に身をしずめ、宇宙エネルギーの波にゆらぎながら、旅立つ新たなる誕生への航海。肉体・心・魂の緊張を溶かし、細胞のひとつひとつをゆっくりと癒していくレイキコレクション・ベストアルバム。

アトモスフィア
全10曲
64分38秒

◆デューター

鳥のさえずりや波などのやさしい自然音との対話の中から生まれたメロディを、多彩な楽器で表現した、ささやくようなデューターワールド。オルゴールのようなピアノの調べ、童心にたち返るような懐かしい響き――。

ヨーガ
全7曲
58分57秒

◆チンマヤ

七つのチャクラに働くエキゾチズム溢れる七つの楽曲。エクササイズとしてはもちろん、各チャクラのエネルギー活性化も促す。バグパイプ、タブラ、ヴァイオリン等々、東西の楽器を自在に操りながら繰り広げるヨーガの世界。

ヨガハーモニー
全8曲
59分56秒

◆テリー・オールドフィールド

中空を渡る笛の音、虚空に響くタンブーラの音色。ヴィーナ、シタール、チベッタンボウルなど、ミスティックな東洋のサウンド・ウェーブ。ヨガのみならず、マッサージ、リラクゼーション、各瞑想法にと、幅広く使えるアルバム。

※送料／ CD 1 枚 ¥260　2 枚 ¥320　3 枚以上無料